Hans-Georg Renner

111 FEIERTAGE DER LIEBE

Ein Jahreskalender

Hans-Georg Renner

111 FEIERTAGE DER LIEBE

Ein Jahreskalender

Bibliografische Information der Deutschen Nationalbibliothek:
Die Deutsche Nationalbibliothek verzeichnet diese Publikation in der Deutschen Nationalbibliografie; detaillierte bibliografische Daten sind im Internet über http://dnb.dnb.de abrufbar.

Verlag:
BoD · Books on Demand GmbH, In de Tarpen 42, 22848 Norderstedt

Druck:
Libri Plureos GmbH, Friedensallee 273, 22763 Hamburg

ISBN: 978-3-7597-5938-2

Einleitung

Ihr Liebenden ♥♥

oder bald wieder Liebenden ♥♥

dieser Kalender möchte euch ermuntern, einen Tag, einen Abend oder eine Nacht *mehr*, bewusst für eure Liebe zu reservieren. Ihr findet 111 Festtage für die Liebe, die ihr sicherlich einmal erleben möchtet. Die kurzen Beschreibungen soll euch Anregung sein, euer ganz eigenes Liebesfest unter diesen „Stern“ zu stellen und die besonderen Kräfte dieses Festtages auf euch wirken zu lassen.

Lasst eure Phantasie anregen von diesen überlieferten Festtagen für Verliebte und gestaltet den ausgesuchten Feiertag der Liebe nach euren Wünschen und Bedürfnissen.

Wichtig ist, dass ihr euch etwas Zeit für euer Liebesfest nehmt und ganz persönlich feiert. Sicher werden euch schon die Planungen und Vorbereitungen gefallen und das Liebesfest selbst wird garantiert die Leidenschaft in eurer Liebe beflügeln.

Diese *Festtage der Liebe* können euch das schöne Gefühl geben, euch in guter Tradition zu wissen. Denn oft erlebten und genossen schon vor 4000 Jahren Liebespaare das gleiche Liebesfest wie ihr. Natürlich auf ihre eigene Art und Weise, aber es glänzte bestimmt das gleiche Feuer in ihren Augen.

Allzu leicht lässt in längeren Beziehungen die sexuelle Leidenschaft ein wenig nach, das ist völlig natürlich. Ebenso natürlich ist es, dass bei frisch Verliebten der Zeitpunkt kommt, an dem die Sehnsucht nacheinander etwas weniger wird. Die gute Nachricht ist, dass ihr *diesem Alltagstrott* achtsam und liebevoll ein bischen entgegenwirken könnt.

Setzt einen bewussten Stopp in euren Tagesabläufen, genießt die kostbaren Augenblicke, zarten Stimmungen, Leidenschaften, den sinnlichen Zauber, begleitet von Speisen, Getränken, Musik, Düften, Massagen, Kerzen, ...

Oder findet mit einigen Ritualen eure große Liebe ...

Einige Anmerkungen zum Umgang mit dieser Sammlung:

Einige Riten sind uns teilweise als Hochzeitsriten bekannt. Das ist richtig und auch wieder nicht. Denn mit dem Wort „Hoch-Zeit" war in vielen Kulturen nur *der Beischlaf* gemeint. Sogenannte „Hoch-Zeiten" (Verbindungen) konnten leicht eingegangen und leicht gelöst werden und waren ohne Verpflichtungen.

So geht in unseren Breiten beispielsweise der Wortstamm „Braut oder Bräuten" auf „beischlafen" zurück. Andere Kulturen kannten gar keine Hochzeiten, da sich die Liebespartner immer wieder neu in freier Wahl fanden.

Riten wurden oft im Sinne der herrschenden Ideologie verändert weitergegeben oder aufgeschrieben und so haben wir (leider nicht nur) in unserer Kultur noch *das Kreuz* einer langen liebesfeindlichen Prägung zu tragen, die es endlich gilt abzulegen.

Ebenso wurde in den vergangenen Jahrtausenden der Fokus auf den Mann als Gestalter der Liebesbeziehung und nur auf heterosexuelle Paare gelegt. Das entspricht nicht der gelebten Wahrheit und ist natürlich längst überholt. Lasst euch also nicht von althergebrachten, überlieferten Formulierungen einengen.

Zudem tauchen in der Literatur manchmal verschiedene Daten für einen Festtag auf. Da wir Menschen viele Kalender kennen (Chinesischer, Julianischer, Gregorianischer, Französischer Revolutionskalender etc.) und es allein in Europa einige Kalenderumstellungen gab (noch 1923 in Griechenland), kann es hier zu

Verschiebungen kommen. Manchmal lässt sich ein Brauch nicht genau auf einen Tag festlegen.

Dies kann natürlich alles vernachlässigt werden, wenn sich Herzen verbinden möchten ...

In habe auch einzelne UNESCO-Welttage in diese Sammlung aufgenommen, die sich nicht direkt auf unsere *zwischenmenschlichen*, sondern auf unsere *natürlichen Liebesbeziehungen* beziehen.

Ich halte es für wichtig, dass wir auch zu unserer wundervollen Erde unsere Liebesbeziehung wieder verstärken. Oftmals haben wir nur unsere Beziehung zu unserem wunderschönen Planeten vernachlässigt, unsere Verbindung nicht mehr gefühlt, spürten uns nicht für sein wohlergehen zuständig, oder haben uns von der (Geld-) Gier einzelner beherrschen oder einfangen lassen.

Lasst uns bitte wieder in Beziehung zur Natur, zu Tieren, zu unserer Erde kommen. Wir wissen doch alle was wir tun sollten, um zukünftig nachhaltig, friedlich und gemeinwohlorientiert zusammen leben zu können. Geben wir uns nicht mit falschen Erklärungen, unrichtigen Beruhigungen von Interessengruppen und einstmals „niedergeschriebenen Normen“ zufrieden. Wehren wir uns aktiv gegen die (finanziellen) Ungleichbehandlungen zwischen Menschen, sowie die Ausbeutungen und Zerstörungen an unserer aller einzigen Lebensgrundlage. Bleiben wir ehrlich zu uns. Für uns, unsere Kinder und unsere Erde.

Aus meiner Arbeit im Hospiz weiß ich, dass diese Erkenntnis und die natürliche Verbindung zu unserer Erde, sich bei fast allen Menschen am Ende ihres Lebens wieder einfindet und wir spüren *was richtig gewesen wäre.* Dann ist es leider zu spät für persönliche Handlungen, was nicht selten bereut wird.

Lieben wir uns, die Menschen um uns herum, und *natürlich* unsere Erde auf der wir alle leben. Wir beschützen, wen wir lieben.

Herzliche Grüße sendet euch Hans-Georg

Januar

1. Januar

Neujahr

Der erste Tag für die Umsetzung der guten Vorsätze, gerade in der Liebe. Die römischen und germanischen Neujahrsfeste war geprägt von ausschweifendem Feiern mit Trink- und Essgelagen. Bis ins 15. Jahrhundert hinein entwickelte sich sogar dazu eine Art Narrenfest zu Neujahr. Das bedeutete, die Menschen maskierten sich, sangen dekadente Lieder und die Tänze waren mehr als unzüchtig. Gibt die Frau bei einem dieser Tänze dem Mann einen Kringel aus Blumen, geschmückt mit Basilikum, möchte sie eine andauernde Beziehung. Dann tanzt das Paar nochmals am 14. Januar (Sankt Wasile) mit dem Kringel und wird für immer ein glückliches Liebespaar sein. So war es im frühen Europa und ist vielleicht bald wieder Brauch ...

Gamelia

In Griechenland wurden an Neujahr Ehen geschlossen. Dieser Tag gilt als günstig für Liebesverbindungen, weil das Ur-Götterpaar Gaia (Mutter Erde) und Uranos (Vater Himmel) sich vereint haben. Diese Zuteilung der Geschlechter teilen viele alte Kulturen.

Nur im alten Ägypten gilt der Himmel als Mutter („Nut“) und die Erde als Vater („Geb“). Der Akt der heiligen Vereinigung bleibt.

Hieros Gamos (Heilige Hochzeiten)

Das heutige Liebesspiel der Regierenden in Mesopotamien sicherte die kosmische Ordnung für das kommende Jahr. Der König liebte an diesem Tage eine Priesterin. Oder die Oberpriesterin vergnügte sich beim öffentlichen Liebesspiel mit einem auserwählten Mann aus dem Volke.

Bei den Germanen waren die Heiligen Hoch-Zeiten bekannt als „Hatidir“ und die Menschen liebten sich, um den Fruchtbarkeitsgöttinnen zu huldigen.

3. Januar

Inanna (Eanna)

Inanna ist die Urgöttin und wird auch als Ur-Liebesgöttin verehrt. Die fruchtbare Liebesgöttin Inanna hat große Macht über die Liebenden, zudem ist sie mutig und klug.

Inanna ist der älteste bekannte Festtag für Liebespaare und ein Tag mit sehr starker Liebesmagie.

Die Liebesspiele beschränken sich nicht auf Ehepartner oder feste Partnerschaften, denn gerade zur Feier von Inanna vereinen sich die Menschen gerne wild und orgiastisch, ohne Rücksicht auf soziale Klassen oder Familienbanden.

Die Geschichte von Inanna, der Urgöttin der Liebe, ist noch in Fragmenten auf über 4000 Jahre alten Tontafeln nachzulesen.

Ihr Großvater Enki überreichte ihr während eines festlichen Gelages die „me-Kräfte“, die Merkmale der Zivilisation:

„Meiner Tochter Inanna werde ich geben Wahrheit, Abstieg in die Unterwelt, Auferstehung aus der Unterwelt, die Kunst des Liebens, das Küssen des Phallus“.

Sexuelle Freude genoss ein hohes Ansehen, ähnlich der anderen Kulturgüter des Menschen. Das Liebesspiel wurde als höchster Ausdruck menschlicher Schöpferkraft betrachtet und als komplexe und lustvolle Aktivität gesehen. Das Liebesspiel ist also ein Akt, dessen Bedeutung über eine rein fleischliche Befriedigung oder das Bedürfnis nach Erhaltung der Art hinausgeht.

Keine Schöpfung ohne sexuelle Vereinigung. Daher haben Fruchtbarkeitsgötter ein reiches Sexualleben, denn sie erhalten damit die Fruchtbarkeit der gesamten Natur.

Lege deiner Liebe heute Morgen einen Zettel mit dem Hinweis auf Inanna in die Unterwäsche. Dazu ein kleine Aufmerksamkeit, Blume, Süßigkeit..., als Vorgeschmack auf einen süßen Abend. Sei früher als deine Liebe zu Hause und beginne in Ruhe mit den Vorbereitungen: Hänge über deine Haustüre ein großes Blatt mit folgender Inschrift aus dem Tal der Königinnen auf:

„*Werdet nicht müde des Essens, des Trinkens, des Rausches und der Wollust*".

Lege eine Fährte von der Haustüre bis zum Ort für euer Liebesspiel. Diese Fährte besteht aus Rosenblättern, Schokolade, Herzen, Pralinen, Kerzen und Zetteln mit Liebesbotschaften. Am Ziel verstreue Rosenblätter und stelle Champagner bereit. Dann dusche und creme dich wohlriechend ein. Wähle eine geeignete Hintergrundmusik und warte auf deine Liebe.

Feiertag des Schlafens

Ein guter Grund heute im Bett zu bleiben und gemeinsam zu kuscheln, nicht nur in den USA wo er eingeführt wurde.

6. Januar

Befana

Heute geht die Fee „Befana" um und gibt allen Liebespaaren in Italien oder den Paaren, die heute an sie denken und italienische Musik hören, ihren Liebessegen.

Bedenke bitte, dass Befana eine temperamentvolle Fee ist. Ihr heutiges Liebesspiel sollte daher das Credo haben:

„Lass uns so lieben, wie wenn wir stürben, gewünscht hätten, uns geliebt zu haben, ti amo."

10. Januar

Ebisu

In Nishinomiga, der Provinz Settan in Japan, wird Ebisu besonders verehrt. Er gilt als Gott des Glücks und des Meeres. Wenn du dein Glück in der Liebe finden möchtest, solltest du heute Haarschmucknadeln (kanzasti) und rin-no-tama (Liebeskugeln) tragen.

Weltknuddeltag

Am heutigen Tag solltet ihr euch bei jeder Gelegenheit knuddeln. Der Weltknuddeltag steht in einer Linie mit dem Tag des Schlafens am 03. Januar und dem Weltkuscheltag am 21. Januar.

14. Januar

St. Wasile

Heute tanzt das Paar mit dem Kringel von Neujahr, um seine Liebe für immer zu erhalten. Nach dem Tanz trinken die Liebenden zur Erfrischung ein Glas Milch. Die Milch sorgt für eine fruchtbare Liebe.

16. Januar

Fetischtag / Perverts Wear Purple

Leder, Latex, Gummi oder ganz was anderes. Habt ihr einen Fetisch? Was macht dich an, steigert eure Lust? Bestimmt entdeckt ihr heute gemeinsam einen Fetisch der euch Beiden gefällt.

21. Januar

Weltkuscheltag

Jetzt wird es kuschelig. Heute ist ein guter Tag sich einzumümmeln, ein behagliches Nest zu schaffen, zu kuscheln und einen schönen romantischen Abend zu erleben.

24. Januar

Opet

Im frühen Ägypten währte das Opet-Fest 27 Tage. Der König zog sich mit der Königin in den Tempel zurück, um dort einen Thronfolger zu zeugen. Um dieses Ziel zu erreichen, durften sich der König und die Königin auf alle Arten lieben, ganz wie sie wollten, bar jeder Konventionen.

Im Buch „*Kamasutra*" von Vatsyayana findet ihr viele Ideen für Sexstellungen.

25. Januar

Popcorn Day

Ein noch junger Feiertag aus den USA. Aber eine gute Gelegenheit, sich heute eine riesige Tüte Popcorn zu besorgen und in die Kinosessel zu kuscheln. Oder ihr macht es euch vor dem Fernseher gemütlich, seht alte Urlaubsvideos an oder einen schönen Liebesfilm.

26. Januar

Tag der Verheirateten

Heute ist ein weiterer großer Feiertag für eure Liebe, wenn ihr verheiratet seid.

Natürlich gehören in diesen Kalender auch unbedingt eure persönlichen Feiertage der Liebe und vielleicht könnt ihr heute euren nächsten Hochzeitstag oder den Jahrestag eures Kennenlernens, oder … planen.

27. Januar

Romeo & Julia

Verona, Villa Capello 23 – der Zielpunkt für alle Liebenden der Welt. Hier wohnte Giulietta Capulet („Julia"). Im Hof steht eine Bronzeabbildung von Julia. Wer über ihren Arm und ihre Brust streicht, hat Glück in allen Liebesdingen. Natürlich ist es ein besonderer Genuss, sich auf dem Balkon zu küssen. Wenn ihr dann den Treueschwur leistet, hält eure Liebe bis in alle Ewigkeit.

„Romeo: „Gib Deinen treuen Liebesschwur für meinen."

Julia: „Ich gab ihn Dir, eh Du darum gefleht."

Wer nicht nach Verona reisen kann, schreibt seiner Liebsten einige Liebesschwüre auf kleine Zettel. Deine Botschaften solltest du so verstecken, dass diese nur zufällig entdeckt werden ...

Februar

1. Februar

Brighid (Imbolg)

Ein Fest zu Ehren der keltischen Mutter- und Liebesgöttin Brighid. Da heute auch der Beginn des keltischen Frühlings ist, wirken magische Fruchtbarkeitsrituale besonders gut.

Badet zusammen, trinkt ein Glas Champagner, hört romantische Musik, entzündet viele Kerzen – oder ein Lagerfeuer, denn heute ist auch das Fest des Lichts, und kreiert anschließend euren eigenen Liebesaltar.

Wählt dazu einen Ort, an dem ihr die wichtigen Dinge eurer Liebe aufbewahren, auslegen und aufhängen könnt. Das können Briefe, Fotos, Geschenke, Erinnerungsstücke an einen schönen Abend, einen Ausflug oder einen Urlaub sein. Stellt zwei rote Kerzen, eine Duftschale und Blumen dazu. Den Altar könnt ihr immer wieder erweitern oder verändern.

2. Februar

Februata

An Februata feiern wir ein Fest des Lichtes und der Fruchtbarkeit. „Ihr sollt tanzen und singen, feiern und musizieren und in meinem Namen lieben. Denn mein ist die Ekstase des Geistes“, sagt die Göttin Februata.

Wie wäre es heute mit einem Fest unter Gleichgesinnten? Schreibt eine schöne Einladung und ladet Freunde ein und schmückt das Haus mit Kerzen. Tanzt, singt und feiert zusammen und zum Lieben gehen später alle in ihr eigenes Haus zurück – oder auch nicht …

8. Februar

Tag des Heiratsantrages

Ein guter Tag für deinen Antrag. Da es der offizielle Tag des Heiratsantrages ist, wird bestimmt niemand nein sagen können ...

10. Februar

Tag des Teddy

Überrasche Deine Liebe doch mit einem knuddeligen Teddy als schmusigen Liebesbeweis ...

11. Februar

Bacchanale

Der Februar ist ein schöner Monat, denn zur Bacchanale bemächtigt sich Zügellosigkeit der Seelen. Allen Menschen war es erlaubt, „ohne Maß zu saufen und zu huren“.

Dabei wurden zur Einstimmung allerlei Spiele gespielt.

„Strippoker“: Die Frauen und Männer spielen das Kartenspiel Pokern. Verliert jemand eine Runde, muss er ein Kleidungsstück ausziehen. Das Spiel wird so lange gespielt, bis der erste Mensch nackt am Tisch sitzt.

„Flaschendrehen“: Die Frauen und Männer sitzen im Kreis und überlegen sich eine Aufgabe oder Handlung, die der oder die Auszulosende aus der Runde gleich ausführen muss. In der Mitte liegt auf dem Boden eine Flasche und die oder der Jüngste dreht sie. Auf wen der Flaschenhals zeigt, muss nun diese Aufgabe ausführen (beispielsweise die Frau oder den Mann zu seiner Linken küssen) und darf sich eine neue Aufgabe ausdenken und die Flasche drehen.

Goethe schrieb über diese Pfänderspiele: „Bei Lösung der Pfänder ging alles jeder Art ins übertriebene: Gebärden, die man verlangte, Handlungen, die man ausüben, Aufgaben, die man lösen sollte. Alles zeigte von einer verwegenen Lust, die keine Grenzen kennt."

13. Februar

Trndez

Am Vorabend des Valentinstag wird vor allem in Jerewan, der Hauptstadt von Armenien, das Liebesfest "Trndez" gefeiert. Ein Brauch ist, dass das Paar gemeinsam über ein Feuer springt, was ihnen eine ewige Liebe garantiert.

Pura Vida

Am Abend vor Valentinstag singen die Mariachis (Folkloresänger) der Auserwählten ein Ständchen und tragen ihr Gedichte vor. Sie spielen auf ihren Gitarren und Trompeten, geschmückt und kostümiert, direkt unter ihrem Fenster. Erscheint die Frau am Fenster, bekundet sie ihr Interesse, indem sie mit einem weißen Stofftuch winkt. Daraufhin ziehen sich die Sänger zurück und der Mann erhält Einlass.

Ein persönliches Gedicht oder ein Ständchen unter dem Fenster lässt sich doch bestimmt überall realisieren. Hoffentlich hat Sie ein weißes Tuch zu Hause...

14. Februar

Valentinstag

Zum Valentinstag bekommen Frauen Blumen (meist rote Rosen) oder kleine Aufmerksamkeiten von den Männern geschenkt. In Kaufhäusern und im Internet finden sich zahlreiche Geschenkideen, sogar in den Konditoreien gibt es Gebäck in Herzform.

Was ist ein gekauftes Geschenk im Vergleich zu einem selbst gestalteten?

Gestaltet euer ganz persönliches „Valentinstagsgeschenk" zu Hause und wenn es mit dem Ausschneiden und Hämmern nicht so klappt und ein Finger dazwischen kommt, wirst du garantiert liebevoll versorgt, wenn deine Liebste erfährt, dass du dich für sie in die gefährliche Welt des Heimwerkens oder Backens begeben hast. Wie immer zählt der Geist, mit dem wir eine Sache ausführen, nicht allein das Ergebnis.

Die japanischen Frauen schenken ihren Männern Schokolade in Herzform. Einen Monat später, am 14. März, schenken die Männer den Frauen Schokoherzen.

In Italien verschenken sie Schokokugeln („Baci Perugina").

Heimliche Verehrer schenken heute eine weiße Nelke und einen kleinen Hinweis auf sich ...

Offene Verehrer schenken der Frau in aller Frühe persönlich einen Blumenstrauß. Denn eine Frau wird den Verehrer zum Manne nehmen, den sie an diesem Tage als Ersten erblickt.

Achtung: In Nordamerika schenken beispielsweise Chefs ihren Sekretärinnen einen Strauß roter Rosen als Anerkennung, nicht als Liebesbeweis. Ein Liebesbeweis wären rote Nelken. Also, deutet nichts fehl in multikulturellen Unternehmen.

Das Verschenken eines Blumenstraußes an seine Liebste entwickelte sich in England. Dort war es zunächst nur Brauch, sich an diesem Tag „Valentines" – Karten mit vierzeiligen Liebesgedichten, zu schenken.

Doch am 14.2.1667 schickte Samuel Pepys seiner Gattin einen ganz besonderen Liebesbrief, auf hellblauem Papier und mit goldfarbener Tinte geschrieben. Sie war derart verzückt, dass sie ihm zum Dank einen Blumenstrauß zurückschickte.

Das griff die britische Gesellschaft auf. Im Laufe der nächsten Jahrzehnte veränderte sich der Brauch. So wurden später Liebesgedichte und Blumen an die Frau geschickt und ab den folgenden Jahren nur noch Blumen.

Jetzt zum gemeinsamen lesen bei Kerzenschein, die Legende von St. Valentin:

„Die Rose der Eintracht“ („La Rosa della Riconcilazione“)

Als Valentin von Rom eines Tages an seinem Gartenzaun ein junges, verlobtes Paar streiten hörte, kam er ihnen entgegen und hielt in seiner Hand eine wunderschöne Rose. Er wandte sich mit einer liebevollen Geste an die beiden jungen Menschen, gab ihnen die Rose und sprach versöhnliche Worte. Der gute Geist des Heiligen Valentin und die Rose hatten eine magische Kraft und beendete den Streit zwischen den beiden jungen Menschen.

Der Heilige bat die beiden, gemeinsam vorsichtig die Rose zu halten, sich nicht von den Dornen stechen zu lassen und dabei zu beten, dass ihre Liebe ewig halten werde.

Nach einiger Zeit kehrten die beiden jungen Menschen zu ihm zurück, um ihm ihr Glück mitzuteilen und den Segen für eine Eheschließung zu erhalten. Valentin traute, trotz kaiserlichen Verbotes, dieses Paar und ihre Liebe wurde als außergewöhnlich innig beschrieben.

Als die Bevölkerung davon erfuhr, kamen immer mehr Paare um den besonderen Segen von St. Valentin zu erbitten.

Einmal versammelten sich die Bürger zu einer langen Prozession für St. Valentin, um für den Schutz der zukünftigen Familien zu bitten.

Schließlich erfuhr Kaiser Claudius II davon und verurteilte St. Valentin zum Tode. Am 14. Februar 273 wurde er enthauptet und zunächst war jeder 14. Tag im Monat den Fürbitten zum Heiligen Valentin gewidmet. Doch man reduzierte sie schließlich auf den 14. Februar eines jeden Jahres, der Tag an dem St. Valentin seine eigene „Hochzeit“ im Paradies feierte.

Die italienische Stadt Terni (Umbrien) gilt als Hauptstadt des Valentinstages, denn in der Basilika sollen die Gebeine des heiligen Valentin liegen. Viele Paare pilgern dorthin, stiften eine Kerze und schwören sich ewige Treue.

Wer nicht so weit reisen mag, im schwäbischen Krumbach sollen auch Gebeine des heiligen Valentin ruhen.

15. Februar

Laternenfest

Die jungen Frauen in Ostchina dürfen ausnahmsweise ohne ihre Eltern spazieren gehen. Die jungen Männer basteln Papierlaternen und stellen diese auf der Hauptstraße aus. Auf der Laterne steht eine Frage. Hat eine Frau Interesse an einem Mann, wird sie die Frage beantworten und der Flirt beginnt. Meist sind es so persönliche Fragen, so dass nur die auserwählte Frau diese Frage beantworten kann (Laternenvorlagen gibt es in Bastelgeschäften).

Lupercalia

Lupercalia ist die Göttin des Liebesfiebers. Wie bringt ihr euch ins Liebesfieber? Was treibt eure Temperatur in der Liebe höher?

Lupercalia oder Luperkalien ist das Fest der natürlichen Hitze, der Paarungsbereitschaft der Natur und ein großes Fruchtbarkeitsfest. Deshalb gedenken und feiern die Menschen ihrer Sexualität und Anziehungskraft. An Luperkalien wird die römische Liebesgöttin Juno geehrt. Ihr zu Ehren werden Blumen geopfert.

Stelle zwei Blumen auf deinem Liebesaltar (siehe 1. Februar) und gestalte ein „Bett aus Blumen" für deine Liebesgöttin.

Oder feiere ein Fest und aktiviere dabei diesen alten Brauch:

In einem Holzkasten, welches Holz ist nicht überliefert und auch egal, werden Zettel mit je einem Namen einer anwesenden Frau eingeworfen. Die Männer ziehen dann mit geschlossen Augen einen Zettel. Die Männer nehmen eine Blume und gehen zu der Frau, dessen Namen auf ihrem Zettel steht. Nimmt die Frau die Blume des Mannes an, hat sich ein „Lustpaar" gefunden. Lehnt Sie ab, wird der Zettel wieder in den Holzkasten getan und eine neue Runde beginnt.

In manchen Überlieferungen werden die *Lupercalien* dem Gott Faunus zugeschrieben.

16. Februar

Victoria

Die römische Göttin des Sieges, Victoria, hilft dir, wenn du dich heute auf „Eroberungen" konzentrierst.

Bevor du ausgehst nimm ein reinigendes Bad und denke über deine Wünsche an die Liebe nach. Wähle danach ein besonders schönes Papier aus. Darauf schreibst du die Eigenschaften, die deine zukünftige Liebe haben soll und dazu folgenden Zauberspruch:

S A R A H

A K E R A

R E M E R

A R E K A

H A R A S

(Lies ihn von oben, unten, rechts oder links, er ist immer gültig)

Falte dieses Papier und lege es in einen Lederbeutel. Trage diesen Beutel an deinem Herzen. Solltest du ihn umhängen, achte bitte darauf, dass du nur Naturmaterialien verwendest. Gehe dann aus, und sei achtsam, wem du begegnest, denn der andere Mensch könnte von Victoria angelockt worden sein ...

Karneval

Für einige Tage werden Regeln vergessen und die Menschen ziehen tanzend und singend durch die Straßen, in fröhlicher Vermischung von Frauen und Männern, Armen und Reichen.

Karneval ist das letzte große Fest der Christen vor der bis Ostern dauernden Fastenzeit. Im Karneval sind die Menschen verkleidet und wollen die bösen Wintergeister vertreiben.

In Venedig bewirft man sich (maskiert) auf den Plätzen mit Blumen, um dann ausgiebig miteinander zu flirten. Warum nicht auch in Köln, Düsseldorf, Mainz?

24. Februar

*Dragose**

Ein Tag für Verliebte in Rumänien. Liebst du einen Menschen aus Rumänien, dann verwöhne ihn mit einem landestypischem Essen und einer „liebestypischen“ Nacht ...

*Konudagur**

Der Tag für Verliebte, wenn deine Liebe aus Island kommt.

**Als Anlass zum Feiern reicht es aber auch, wenn beispielsweise die Ururgroßmutter in Island geboren ist, du in einem der beiden Länder zu Besuch warst, ein Buch über Rumänien oder Island gelesen hast, oder immer mal hin wolltest.*

27. Februar

Robin Hood und Lady Maid Marian

Auch heute kannst du eine große „Hoch-Zeit“ feiern und zwar in der Natur. Denn heute ist ein guter Tag, um einen Spaziergang durch den Wald zu machen. Abseits von Wegen über Baumstämme balancieren, durchs Unterholz streifen, durch Bäche waten, an ruhiger Stelle picknicken und sich wie Robin Hood und Maid Marian fühlen und lieben.

Ihr solltet auf jeden Fall heute gemeinsam ein Bier aus einem neuen Becher trinken und diesen nie wieder verwenden (ein Relikt für euren Liebesaltar).

Wenn es euch möglich ist, könnt ihr heute auch den Originalschauplatz, den Sherwood Forest bei Nottingham und die Dorfkirche St. Mary, erkunden.

29. Februar

Tag der weiblichen Heiratsanträge

Macht eine skandinavische Frau einem Mann einen Heiratsantrag und sollte dieser ablehnen, dann muss er ihr ein Stück Stoff schenken. Daraus näht sich die Frau dann ein Kleidungsstück. Aber wer kann da schon nein sagen?

März

Der März ist der Liebesgöttin Aphrodite gewidmet.

1. März

Martisor

In Rumänien schenken Frauen Männern heute sogenannte "Märzchen". Das sind weiß-rot gehäkelte Schmuckgegenstände, die für Liebe und Wiedergeburt stehen.

Die Männer schenken den Frauen ihrerseits Waldblumen.

Tag der Komplimente

Ehrliche Komplimente sind immer eine Freude für den Menschen der sie bekommt, aber auch für den Menschen der sie gibt. Eurer Liebe solltet ihr möglichst oft ein Kompliment machen, denn Selbstzweifel sind leider oftmals weit verbreitet.

3. März

World Wildlife Day

In ihrer Resolution bekräftigte die Generalversammlung der Vereinten Nationen den intrinsischen Wert wildlebender Tiere und ihre verschiedenen Beiträge, darunter ökologische, genetische, soziale, wirtschaftliche, wissenschaftliche, erzieherische, kulturelle, erholsame und ästhetische Beiträge zur nachhaltigen Entwicklung und zum menschlichen Wohlergehen.

8. März

Tag der Frau

Dieser Tag wird international gefeiert, hat aber eher mit der Anerkennung als mit Liebe zu tun. Es liegt in deiner Hand, daraus einen besonderen Tag für deine Frau zu machen.

Die Männer in Tadschikistan zum Beispiel schenken ihren Frauen persönliche Beweise ihrer Liebe.

In Russland verschenken die Männer einzelne Blumen an befreundete, aber auch an fremde Frauen.

14. März

White Day

Die Männer revanchieren sich für die Geschenke (Schokoherzen) der Frauen vom 14. Februar. Wenn du einen Liebesbrief beilegst, sollte dieser eine Herzform haben. Fallen beim Öffnen dann sieben oder mehr kleine Herzen heraus, wird die Liebe ewig sein.

„*Um einen guten Liebesbrief zu schreiben, musst Du anfangen, ohne zu wissen, was Du sagen willst und endigen, ohne zu wissen, was Du gesagt hast.*“
Jean-Jacques Rousseau

Red Nose Day

Symbol des Red Nose Day ist eine rote Nase. Mit dem Kauf einer roten Nase werden Kinderhilfsprojekte unterstützt. Wer kann, spendet noch etwas mehr Geld dazu. Heute finden viele Comedy Shows statt und es wird dazu aufgerufen, „etwas Verrücktes“ zu tun.

Überrasche deine Liebe mit etwas ganz Verrücktem. Mit etwas, das sie vielleicht schon lange einmal machen wollte, aber sich nicht traute. Oder spiele ihr eine ganz private „Clownsnummer“ mit überraschendem sinnlichen Ende vor.

16. März

Aphrodite und Adonis

Feier deine Liebe zunächst mit einem Liebesmahl. Zum Liebesmahl gehören natürlich Meeresfrüchte, speziell Austern. Dazu Muscheln als Symbol für die Vagina und Spargel als Symbol für den Phallus. Eine Sauce aus Knoblauch verstärkt das Liebesglück, wenn beide davon essen. Als Zeichen der Vereinigung und des „Einverleibens“ isst jeder etwas vom Teller des Anderen. Verwöhnt euch anschließend gegenseitig mit einer leichten Massage. Genießt den Reichtum der Liebe umgeben von vielen Blumen. So haben auch Aphrodite und Adonis ihre „Hoch-Zeit“ gefeiert. Glücklich, wer einen Blumenladen hat.

Kochbücher mit aphrodisierenden Speisen und Getränken für das Liebesmahl gibt es zahlreich. Die Massage nach dem Mahl muss keinen medizinischen Anforderungen genügen, nur euch beiden ...

Für Aphrodite, die noch ihren Adonis sucht, eignet sich folgendes Ritual:

Aphrodites Bad

Aphrodite ist dem Meer entstiegen, bade also in Salzwasser. Parfümiere dich mit Rosenöl. Stelle sechs brennende Kerzen auf den Rand deiner Badewanne und lasse sich dann mit dem Bewusstsein ins Wasser gleiten, dass du in eine magische Liebesflüssigkeit eintauchst.

Trockne dich so sinnlich ab, wie du dir vorstellst, dass Aphrodite ihren Körper abtrocknete. Ziehe nun deinen Cestus an, schließe die Augen und spüre, wie dein ganzer Körper voller warmer verführerischer Liebeskraft ist.

Aphrodites Gürtel: Cestus

Dieser reich verzierte Gürtel der Aphrodite, enthielt ihren Liebeszauber. Dieser magische Gürtel konnte solche Verführungskräfte verleihen, dass selbst die unnachgiebigsten Liebhaber verzaubert wurden und sich einer romantischen Begegnung hingaben. Gestalte deinen eigenen Cestus.

Cestus war aus Stoff. Wähle zunächst einen schönen Stoff aus, bemale ihn mit deinen Glückssymbolen, Initialen und schreibe deine Partnerwünsche darauf. Parfümiere ihn dezent mit Rosenöl und trage ihn, wenn du ausgehst. Begegnest du einem Mann deiner Lust, schaue ihn an und berühre dabei deinen Gürtel sechsmal leicht und kreisförmig. Cestus wird dann seine magische Kraft entfalten.

20. März

Tag der Freude

Natürlich fallen uns zunächst die großen Freuden an, aber für viele Menschen gibt es jeden Tag viele kleine Freuden zu entdecken und die Liebe ist eine davon und nicht selbstverständlich.

Frühlingsanfang / 1. Tagundnachtgleiche

Mit der Tagundnachtgleiche im Frühjahr beginnt die fruchtbare Jahreszeit. Kelten und viele frühen Kulturen weckten dazu die Fruchtbarkeitsgötter auf, in dem sie die Felder und Schlafstätten mit ihrem Liebesspiel segneten. Die Tagundnachtgleiche im Frühjahr ist eine Nacht zwischen dem 19. und 21. März, wenn keiner der beiden Erdpole zur Sonne zeigt und somit Tag und Nacht gleichlang sind.

21. März

Holi

Eine Fest der Lebensfreude findet heute statt und es verschwimmen soziale Unterschiede. In Indien bewirft man sich an diesem Frühjahrsfest mit Beuteln voller rot-gefärbtem Wasser, bespritzt sich gegenseitig mit dem gefärbten Wasser oder reibt sich mit lila Pulver ein. Dabei werden obszöne Verse skandiert.

Eine Fete mit diesen Grundbedingungen wird sicherlich Spaß machen, wenn alle informiert sind. Oder bemalt doch zu zweit gegenseitig eure Körper (lustvolles Bodypainting). Schminke und Körperfarben gibt es in Drogerien.

Nouruz

Nouruz wird in verschiedenen Ländern etwas unterschiedlich gefeiert. Das Fest zum „Neuen Tag“ ist im Iran und in Afghanistan auch der Beginn des Neuen Jahres. Für die meisten Menschen ist es der Beginn des Frühlings und es wird heute ein Fruchtbarkeitsfest gefeiert, oft mit auserlesenen Speisen und Fruchtbarkeitsritualen.

Tag der Poesie

Die UNESCO hat den 21. März zum Welttag der Poesie erklärt und in vielen Städten finden besondere Veranstaltungen statt.

22. März

Mladenci

Am ersten frühlingshaften Tag bringen Freunde und Verwandte in Kroatien dem neuen Ehepaar Geschenke. Aber nur einmal, und zwar im ersten Jahr nach der Hochzeit, deshalb ist dies ein Feiertag für die „Frischverheirateten“.

Tag des Wassers

Die UN sensibilisiert besonders heute für sauberes Wasser, Gewässerschutz und freiem Zugang zu Trinkwasser und Quellen.

25. März

Kybele

Wer sich heute im Gras liebt, hat für den Rest des Jahres Liebesglück. Der Grund ist, dass die Liebesgöttin Kybele den Tod besiegt hat, da ihr Geliebter Attis von den Toten zurückgekehrt ist.

April

1. April

Fest der Venus / Tag des Lachens

„Lache mindestens siebenmal und sei fröhlich."

Es werden Scherze mit den Mitmenschen gemacht und man verulkt sich gegenseitig. Obwohl sich eigentlich nur Verliebte heute verulken „dürften", denn der Ursprung dieser Aprilscherze entstammt dem Fest der Venus.
Die Römer begannen am 1. April alle Scherze zu Ehren der Liebesgöttin Venus. Es schickten sich nur Verliebte „in den April", d.h. trugen sich unsinnige Aufgaben auf. Dadurch, dass die Liebste oder der Liebste einem vertraute und tat, wie ihm oder ihr geheißen war, war bewiesen dass die Liebe stärker ist als die Vernunft. Die Liebe siegt über die Logik. Das funktioniert, wie wir wissen, auch an anderen Tagen. Heute solltet ihr es aber unbedingt ausprobieren.

Single Frauen erhalten heute von Venus Hilfe für Ihr Liebesleben. Die Liebesgöttin Venus mag Delphine und vielleicht spendest Du heute für eine Meeresschutzorganisation, oder Du hast einen Delphin als Schmuckstück, oder einen Stoff, der mit Delphinen bedruckt ist, ...

2. April

Blumenfest

Du besuchst den Menschen den du liebst und wirfst ihm oder ihr eine Blume auf das Herz. Trifft die Blume, verliebt sich dieser Mensch (höchstwahrscheinlich) in dich. Es muss aber eine Rose oder ein Gänseblümchen sein. Dieses Fest hat seinen Ursprung in Frankreich.

Triumph der Liebe

An einem Karfreitag im 14. Jahrhundert begegnet der italienische Dichter Francesco Petrarca in Avignon, Madonna Laura. Eine heiße Liebe entflammt und er schrieb 366 Gedichte für sie in seinem „Canzoniere".

Du kannst am Karfreitag morgens deine Liebste mit einem Brief überraschen, auf dem du 366-mal „Ich liebe Dich" geschrieben hast. Oder du schenkst ihr ein Gedicht von Dir ...

Ostern

An Ostern wählte die Frau das am schönsten bemalte Ei aus und schickt es ihrem auserwählten Mann. Wenn der Mann das Ei an die Frau zurückschickte, hieß dies, dass er sie auch liebte.

Wie wäre es in diesem Jahr mit einer Bemalung, die extra für den Auserwählten aufgetragen wurde?

Für die Männer, die kein Ei geschenkt bekamen, gab es im frühen Europa eine Möglichkeit ihre Zuneigung auszudrücken. Sie luden ihre Auserwählte zu einem Osterspaziergang ein, der wie zufällig an einer Schaukel vorbeiführte. Bot er ihr an, sie anzuschaukeln, war dies ein Zeichen seiner Zuneigung. Ließ sie sich anschaukeln, signalisierte sie somit ihre Zustimmung zu seinem Werben.

In Australien nehmen an Ostern Verliebte geweihtes Osterwasser, oder Wasser aus einer Quelle, und benetzen sich damit. Denn den Paaren die diesen Brauch leben, wird eine glückliche Ehe beschienen.

13. April

Fensterln

Ein Brauch aus der Alpenregion, in der Schweiz auch „Kiltgang“ genannt. Er ist in Dänemark unter dem Namen „Natte frieri“ und in etwas veränderter Art in Japan unter „yobai“ bekannt.

Der Mann klettert zum Zimmer seiner Geliebten hoch. Sollte sie ihn noch nicht erwarten, macht er das vereinbarte Klopfzeichen. Es wird überliefert, dass manchmal vier oder fünf Männer gleichzeitig bei einer Frau fensterln wollten. Da wurde dann niemandem Eintritt gewährt. Die Männer versuchten nun mit sinnlichen und satirischen Versen die Gunst der Frau für sich zu gewinnen.

Ebenso wie Männer bei verschiedenen Frauen ihr Glück versuchten, gewährten Frauen verschiedenen Männer Eintritt. Auf jeden Fall musste der Mann mit dem ersten Hahnenschrei verschwinden, um nicht von den Eltern bestraft zu werden. Die Zahl der verschiedenen Besucher durfte nicht zu hoch sein, sonst sprachen die Nachbarn: „Bei ihr geht es zu wie in einem Taubenschlag.“

Nimm einen Strohhut mit, denn nur unter diesem darf sich das Paar küssen. Sollte deine Liebste sehr hoch oben wohnen, klebe eine Liebesbotschaft auf einen mit Gas gefüllten Ballon, binden ihn an eine lange Schnur und lasse diesen bis zu ihrem Fenster aufsteigen.

15. April

Tag der Liebe im Büro

Dies ist ein ganz junger Festtag, der 2010 in Moskau ins Leben gerufen wurde. Die Menschen tragen gelbe Herzen und bringen ein Kuscheltier mit. Dieses Kuscheltier schenken Sie dann Ihrer Liebe oder einer guten Freundin an Ihrem Arbeitsplatz.

Jibeta-Matsuri-Fest

Ein Liebesfest dass vor allem in Kawasaki (Japan) groß gefeiert wird, meist mit dem Kirschblütenfest zusammen. Es gibt einen Umzug durch die Straßen mit verschiedenen Darstellungen des Phallus. Zudem werden Süßigkeiten in Phallusform verkauft, wovon alle die möchten naschen können - ein richtiger Phalluskult.

In Reykjavik (Island) gibt es übrigens ein Phallus-Museum und in London (England) ein Museum für die Vagina.

22. April

Ishtar

Die Liebesgöttin der Babylonier gilt als Inkarnation von Inanna. Ishtar gab mit ihrer Fruchtbarkeit ihrem Volk das Leben.

Verwöhne heute deine Liebste wie die Königin Ishtar persönlich. Lese deiner Königin ihre Wünsche von den Augen ab. Beginne zunächst damit, sie auf weichen Kissen zu betten, ihr verführerische Speisen auf die Zunge zu legen, lustvolle Getränke zu reichen, Luft zuzufächeln und warte geduldig auf ihre Wünsche.

Tag der Erde

Heute soll uns bewusst werden, wie wichtig die Natur ist. Wir sollten auch darüber nachdenken, was wir kaufen und wie wir konsumieren. Die Erde ist etwas ganz besonderes♥

„Save the planet, tax the rich."

23. April

Sant Jordi / Tag der Liebenden

In Spanien, vor allem in Katalonien (aber hoffentlich auch anderswo), schenkt der Mann seiner Geliebten eine Rose, sie ihm ein Buch. Vielleicht eines über Liebestechniken, in dem sie für ihn ihre lustvollsten Stellen markiert hat.

25. April – 1.Mai

Beltane / Beltaine

Heute beginnt das große keltische Fest der Heiligen Hochzeit zwischen Himmel und Erde, der Geschlechtsreife und Schaffung neuen Lebens. Wir feiern die Macht und die Heiligkeit der Sexualität. Glücklich ist, wer eine eigene Liebeshütte aus Holz hat und darin den Liebesduft verbrennen kann. Der Liebesduft besteht aus zwei Teilen Weihrauch (unersetzlich für Liebesrituale), zwei Teilen Myrrhe und je einem Teil Lavendel, Malve und Liebstöckel. Alles weitere ergibt sich, wenn ihr euch dem Duft im Geiste Beltanes hingebt. Der Abschluss und Höhepunkt des Festes ist in der Nacht vom 30. April auf den 1. Mai.

30. April

Walpurgisnacht

Die Erde schätzt die sexuelle Energie, die auf ihren „Feldern" dargebracht wird. Dadurch wird die Fruchtbarkeit der Pflanzen und der Tiere verstärkt und zudem die Lebenskraft der Gemeinschaft angeregt. Heidnische Priesterinnen und andere Frauen schliefen heute mit heidnischen Priestern und anderen Männern. Dies war ein wirksamer Brauch zur Verhütung von Einsamkeit. Denn alle wussten, wer in dieser Nacht ein Walpurgisfest besucht, sucht ein

Liebesspiel und will dadurch die Fruchtbarkeit der Erde fördern.

Hoffen wir auf warme Nachttemperaturen oder verfügt ihr über zwei Schlafsäcke, die ihr per Reißverschluss miteinander verbinden könnt?

Außerdem beginnt heute Abend die Nacht auf den 1. Mai, in der einige Männer mit einem Maibaum unterwegs sind ...

Mai

Bis zum 16. Jahrhundert war der Mai in Nordeuropa der Monat, in dem sich Männer und Frauen in den gepflügten Feldern liebten, um das Wachstum des Getreides zu fördern.

1. Mai

Maibaum

Der Mann kauft beim Forstamt einen Maibaum und stellt diesen unter dem Fenster der Frau auf. Dieser Maibaum ist geschmückt mit bunten Fähnchen, einem Gedicht und einem Schild mit dem Namen der Frau. Der Maibaum ist ein Zeichen der Liebe und des Wunsches nach Gesundheit und Fruchtbarkeit. Nachts überwachen die Männer die von ihnen aufgestellten Bäume, damit sie von keinem Rivalen gestohlen werden.

Am 31. Mai baut der Mann dann den Maibaum ab und erhält zum Dank eine Einladung zu einem gemeinsamen Mahl.

In Schaltjahren sind die Rollen getauscht. Die Frau stellt also einen Maibaum auf und der Mann bedankt sich mit der Einladung zu einem gemeinsamen Essen (2028, ...).

Im Rheinland wurden Frauen unter dem Maibaum eines Dorfes ausgerufen und ein Mann konnte sie ersteigern. Entweder für den Monat Mai oder auch für ein ganzes Jahr blieb er dann ihr Tänzer. Allerdings konnte die Frau auch ihre Unzufriedenheit äußern und die Verpflichtung aufheben.

In einigen Dörfern wird noch eine Maikönigin und ein Maikönig gewählt, um die Göttin Maia und ihren Liebespartner zu vertreten. In der Prozession werden die Maikönigin und der Maikönig in einem Spiel verheiratet, um die Fruchtbarkeit der Erde anzuregen.

Wenn sich die Menschen mit Bändern schmücken, um den Maibaum (Phallussymbol) tanzen und dessen Bänderkranz entwirren (Kranz als Symbol für die Vagina), spielen sie den Liebesakt der Natur nach. Mit solchen Tänzen erbitten sie sich Gaben von der Göttin Maia.

Deine Liebste freut sich bestimmt, wenn du heute einen sinnlichen Tanz mit bunten Bändern nur für sie aufführst.

Frauen malen in der Mainacht Ihrem Liebsten ein Herz vor die Haustüre. Manchmal stellen sie auch ein Schild mit einem Liebesvers vor das Fenster. Oder sie weisen auf ein Laster hin, das ihnen nicht gefällt. Der Mann hat nun diesen Monat Zeit, dieses Laster abzustellen oder aufzugeben.

Wer sich heute mit dem Tau auf den Pflanzen wäscht, wird neben großer Schönheit auch eine unwiderstehliche sexuelle Aura bekommen.

Bona Dea

Ein Fest zu Ehren der römischen Göttin der Fruchtbarkeit. Das Fest durften und dürfen nur Frauen gemeinsam feiern. Bona Dea wird 2x im Jahr gefeiert und zwar noch einmal am 04. Dezember.

In Prag

Wer sich heute unter einem blühenden Baum oder Strauch im Park auf dem Petrin Hügel küsst, hat den Liebessegen für ein ganzes Jahr.

2. Mai

Tag des Babys

Babys sind ein so großes Wunder, das wir sie eigentlich jeden Tag feiern sollten.

4. Mai

Vierti und Positano

Diese Beiden wohnten in zwei weit voneinander getrennt lebenden Familien am Fuße der Lattari-Berge am Tyrrhenischem Meer. Nun geschah es, dass damals ein großer Sturm über die Menschen tobte und einige mitriss. Vierti und Positano wurden dabei an den gleichen Strand gespült. Sie hatten sich niemals zuvor gesehen und verliebten sich direkt ineinander. Als aber der Sturm etwas abflaute mussten beide wieder zu ihren Familien zurück. Jeden Abend saßen sie nun auf den Klippen, wünschten sich zum Anderen und riefen sich Liebesbotschaften zu. Der raue Wind, der die Worte transportierte, war tief berührt und wurde zu einem leichten Lüftchen. Auch die Wellen beruhigten sich und durch das stille Wasser konnten Positano und Vierti endlich wieder zueinander finden.

Sie bekamen schließlich eine Tochter namens Amalfi. Als Amalfi eine schöne, junge Frau geworden war, verliebte sich Herkules in sie. Er schenkte ihr daraufhin eine Stadt am Tyrrhenischem Meer und nannte sie Amalfi.

Besucht an einem Wochenende einmal die Stadt Amalfi am Golf von Salerno in Italien und badet gemeinsam im Meer. Vielleicht findet ihr sogar zwei Felsen, von denen ihr euch Zärtlichkeiten zurufen könnt.

In Amalfi haben sich schon Roberto Rossellini und Ingrid Bergmann ineinander verliebt.

6. Mai

Weltlachtag

Heute könnt ihr eine Kitzelschlacht machen oder euch gegenseitig eure peinlichsten Erlebnisse erzählen ...

7. Mai

Winspiration Day

Seit 2003 feiern Menschen an diesem Tag ihre individuellen Potenziale und Fähigkeiten und den Mut diese für sich und die Menschen einzusetzen getreu dem Motto: "Du bist großartig, so wie Du bist". Und zu zweit können wir natürlich noch mehr großartige Energie freisetzen und in die Welt tragen. Veranstaltungen sind unter: winspirationday.org

9. Mai

Weltorgasmustag

Diesen wichtigen Feiertag der Liebe gibt es in manchen Ländern sogar zweimal im Jahr (21. Dezember) und in England noch ein drittes Mal (31. Juli).

Bereitet euch (nicht nur) heute gegenseitig die Freude, dass jede & jeder von euch einen Orgasmus erlebt. Vielen Paaren ist inzwischen klar, dass dies meist nicht zeitgleich passiert.

20. Mai

Fest des Pan

Liebende feiern an diesem Tag mit dem Naturgott Pan. Pan war ein Liebhaber des Lebens in der Natur. Er verehrte vor allem die Bäume und den Wind. Er mag deshalb Feste unter den Baumwipfeln mit Wein, Gesang und Gedichten.

Setzt euch zu zweit unter eine Linde mit ihren herzförmigen Blättern, nehmt ein kleines Picknick mit und lest euch gegenseitig „Liebes- und Naturgedichte“ vor.

24. Mai

Verführungstag

Wer seine Liebste verführen möchte, dem steht heute Giacomo Casanova hilfreich zur Seite. Casanova galt als Verführungskünstler und Verehrer des Ginkgo-Baumes. Der Ginkgo-Baum wird von vielen Menschen als Fruchtbarkeitssymbol und als Symbol für zwei Liebende geehrt. Berühre heute mit deiner Liebsten die Wurzeln eines Ginkgo-Baumes und seine Kraft und die seines Verehrers Casanova, stehen dir helfend bei. Casanova soll unter so manchem Ginkgo-Baum, mit einem Ginkgoblatt in der Hand, seiner Liebsten erklärt haben, warum sie beide in diesem Moment zusammen gehören ...

Pfingsten

Die junge Frau streichelt den geliebten jungen Mann als Liebeszeichen mit Weidenkätzchen und sagt: "So wie ich mit Weidenkätzchen Glück habe, so soll ich auch Glück mit den jungen Männern haben“. Vielleicht wird aus dem Streicheln ja eine Massage oder bei Neigung eine Flagellanten-Session.

Wer die Beziehung dominiert, erfahrt ihr durch ein kleines Wurfspiel. Fülle zwei kleine Stoffbeutel mit Nüssen. Stellt euch in einiger Entfernung voneinander auf, schließt die Augen und werft die Beutel vorsichtig auf den anderen. Wer trifft zuerst?

Juni

Juno ist die römische Schutzherrin für die Ehe und Familie und deshalb gilt der Juno/Juni als „der" Heiratsmonat.

4. Juni

Rosenfest

Die Rose ist das Symbol der Göttin Aphrodite. Sie steht für die erwachsene, reife, fruchtbare, weibliche, sexuelle Liebe. Aphrodite, die Göttin der Liebe und Quelle allen Lebens, liebt vor allem rote Rosen.

Schmückt euer Bett mit frischen Rosenblättern und liebt euch darin. Bestimmt ist nicht nur Aphrodite begeistert.

5. Juni

Tag der Umwelt

Besonders heute wird zur Gegenwehr gegen die weltweite Naturzerstörung, wie zum Beispiel das globale Problem des Meeresspiegelanstiegs und zur Schärfung des Umweltbewusstseins aufgerufen.„*Raise Your Voice, Not the Sea Level.*"

6. Juni

Vesta

Die Göttinnen Vesta, Hertha und Nerthus repräsentieren das heilige Feuer des Lebens. Das meint auch das Feuer in unserem Körper, in unseren Leidenschaften und das reinigende Feuer der Liebe. Heute ist ein guter Tag für ein Grillfest oder andere Feueraktivitäten. In Germanien galt es, die Geliebte zu umwerben, mit ihr zu tanzen und sie im Rausch des Glücks zu lieben - und heute?

„6.6."

Sechs ist die magische Zahl der Göttin Aphrodite und das Zusammentreffen zweier „6er" im Jahr, der 6.6., weckt die

Kraft der Sexualität im Menschen. Daher erblüht deine Liebe, wenn du deiner Auserwählten eine rote Rose schenkst. Verstärke die Kraft der Sexualität und Aphrodites Liebeszauber, indem du ihr die Rose an dem Ort eurer ersten Begegnung überreichst.

8. Juni

Tag der Ozeane

Die Ozeane sind wichtig für uns. Sie sorgen für Essen, Gesundheit und Leben. Außerdem beeinflussen sie das Klima. Am heutigen Tag soll weltweit auf aktuelle Probleme rund um die Ozeane aufmerksam gemacht werden. Dazu gehören die Folgen der Klimakatastrophe sowie der Überfischung und Verschmutzung der Ozeane. Neben dem Stop schädlichen Verhaltens müssen wir auch die bisherigen Lösungsansätze professioneller umsetzen.

"*Es ist schwer ehrenamtlich die Welt zu retten, wenn Andere sie hauptberuflich zerstören.*" Eckart von Hirschhausen

12. Juni

Loving Day

Ein Liebesfest in den USA, da am 12.06.1967 ein Gesetz aufgehoben wurde, dass die Heirat von Paaren unterschiedlicher Hautfarbe verbot.

Dia dos Namorades

Ein brasilianisches Liebesfest mit viel Musik und Tanz, wie es sein soll. An diesem Tag wird auch dem Heiligen Antonius von Padua gedacht (siehe auch 13. Juni), der als Heiratsvermittler geehrt wird. Statuen werden auf den Kopf gestellt, um zur Mithilfe bei der Partnersuche anzuspornen. Dann werden in der Nacht Flaschen mit Wasser und Eiweiß gefüllt aufgestellt, um im Traum Hinweise auf den Namen des zukünftigen Partners vom Heiligen Antonius zu bekommen.

13. Juni

Tag des Hl. Antonius von Padua

In Lissabon finden heute viele Hochzeiten statt und abends gibt es einen Umzug durch die Stadt. Verliebte in Portugal schenken sich heute ein Töpfchen mit Basilikum in dem ein Liebesbrief steckt.

20. Juni

Litha

Alle Keuschheitsgesetze sind heute Nacht, in der Nacht der Liebenden, aufgehoben. Tagsüber stehen in Afrika und Europa Heiratsanträge und Hochzeiten unter einem guten Stern.

Die Göttin Litha symbolisiert Überfluss, Fruchtbarkeit, Macht und Ordnung. Wer ein göttliches Kind empfangen will, sollte sich heute dem Liebesspiel hingeben.

Dabei gilt ganz besonders die Stunde ab Mitternacht als magisch, da diese als Höhepunkt der Liebes- und Lebenskraft anerkannt ist.

Eine gute Gelegenheit, einen Liebespartner zu bekommen, bietet sich, wenn du abends zu einem Fluss oder ans Meer gehst, eine Rose küsst, sie hinein wirfst und an deine Liebe denkst.

21. Juni

Sommersonnenwende

Die Sommersonnenwende ist an dem Tag, an dem die Sonne die größte Mittagshöhe über dem Horizont hat. Dies ist der 20., 21. oder 22. Juni eines Jahres. Gemeinsam suchen Verliebte in Lettland in dieser kürzesten Nacht des Jahres, eine nur in dieser Nacht blühende Hainblume.

In allen anderen Regionen der Erde gilt ein gemeinsamer nächtlicher Spaziergang als ein magisches Liebesritual.

Der Morgen danach ist für eine Morgengabe gut geeignet. Früher hatte dies den Zweck, der Frau finanzielle Sicherheit zu geben, falls der Mann stirbt. So groß braucht das Geschenk heute nicht zu sein.

Solltest du einen Ring als Geschenk auswählen, achte darauf, dass er aus einem Stück geformt wurde. Denn solch ein Ring ist ein Zeichen für die Unendlichkeit und die Liebe wird ewig halten.

Wer heute Abend Wasser aus einer Quelle schöpft, wird spüren dass dies mit besonders viel Energie aufgeladen ist und dieses Wasser wird euch Kraft für alle eure Tätigkeiten geben ...

Auf der Südhalbkugel der Erde ist heute natürlich die Wintersonnenwende. In Tasmanien zum Beispiel schwimmen die Australier nackt im (kalten) Derwent River, um die wieder länger werdenden Tage zu feiern.

24. Juni

Johannistag

In Norwegen pflückt man abends sieben Sorten Blumen und legt diese unter das Kissen, um dann von dem oder der Zukünftigen zu träumen. Solche Träume können „praeparatio erotica“ sein, das heißt eine Hinführung zum lustvollen Zusammenkommen.

In unseren Träumen können wir zu den Tiefen des Unbewussten gelangen. Dort sind die lustvollen Erlebnisse unserer Ahnen aufbewahrt, die nun aktiviert werden und uns Lebenden ihre Unterstützung geben.

In Estland flechten Mädchen am Johannisfeuer einen Kranz mit den Blumen von neun verschiedenen Sorten. Sie setzen sich diesen auf und gehen nach Hause. Dabei dürfen sie weder zurückblicken, noch mit jemandem sprechen. Zu Hause wird der Kranz unter das Kopfkissen gelegt und dann wird die Frau im Traum ihren zukünftigen Mann sehen.

Paare nehmen sich an die Hand, laufen siebenmal um das Johannisfeuer und springen dann gemeinsam darüber, um ihre Liebe auf ewig zu besiegeln.

In Brasilien wird am „Festa de Sao Joao“ mit viel Musik und Tänzen um einen großen Pfahl, gemeinsam bis in den frühen Morgen gefeiert. Der Pfahl stellt die Verbindung zum Himmel her.

Fortuna

Die Glücksgöttin hilft dir, wenn du dir einen Liebespartner wünschst. Voraussetzung ist, dass du selber dein Leben als reich und lebenswert wahrnimmst. Suche früh morgens zunächst einen ruhigen und entspannenden Ort in der Natur auf und atme bewusst Lebensenergie ein.

Verwöhne dich dann den Tag über, beispielsweise mit einem Saunabesuch oder einer Massage, kaufe dir selbst ein kleines Geschenk oder erfülle dir einen Traum. Lasse deine Seele spüren, dass das Leben schön ist.

Gehe dann unter Menschen, vertraue auf dein Glück und Fortuna wird dich sicherlich beschenken und verzaubern.

29. Juni

Drei Welten

Im Himalaja bittet man die Liebesgötter der drei Welten um ihren Beistand für eine glückliche und fruchtbare Liebesbeziehung.

Schmücke das Zimmer mit möglichst vielen verschiedenen Blumen. Jede Blume steht als ein Symbol für eine Gruppe von Lebewesen. Möglichst viele Lebewesen sollen heute ihren Liebessegen dazu geben. Die Blumen sollen als Zeichen des Lebens im Wasser stehen. Lege einige Federn in die Nähe der Blumen. Jetzt hast du die erste Welt, die Erde, berücksichtigt.

Streue einige Gerstenkörner aus. Diese symbolisieren die Sterne und sind somit das Sinnbild der zweiten Welt, des Himmels.

Spanne fünf verschiedenfarbige Tücher über den Ort, an dem euer Liebesspiel stattfinden wird. Diese Tücher sollen die Farben des Regenbogens haben. Dies ist nun die dritte Welt, die die ersten beiden Welten verbindet. Besprüht die Tücher gemeinsam mit etwas Rotwein und eure „Himmelsbrücke“ ist eingeweiht. Das Glück und die Fruchtbarkeit können nun zu euch kommen.

Juli

3. Juli

Cerridwen

Ein keltisches Fest zu Ehren der Fruchtbarkeitsgöttin Cerridwen. Liebenden bringt die Zahl 13 heute Glück. Sage ihr 13mal, dass du sie liebst, verschenke 13 Küsse und 13 kleine Geschenke.

Vielleicht könnt ihr heute raus in die Natur gehen, denn heute ist ein guter Tag um „*in die Haseln zu gehen*". Diese Redewendung bedeutet eine besondere Liebesnacht zu erleben, natürlich am Stamme einer Haselnuss.

Bitte denke daran, dass Cerridwen auch als Mondgöttin und Göttin der Poesie verehrt wird, besonders in Wales.

6. Juli

Welttag des Kusses

Auf wie viel verschiedene Arten könnt ihr euch küssen? An wie viel verschiedenen Stellen? Und welche Körperzonen habt ihr schon länger nicht mehr geküsst? An welchen Orten habt ihr euch noch nie geküsst? Heute dürft ihr „offiziell" Versäumtes nachholen.

Christopher Street Day

Ein Fest für die gleichgeschlechtliche Liebe am ersten Sonntag im Juli. Der Tag erinnert an den Aufstand homosexueller Männer, die für die Anerkennung ihrer Liebe auf der Christopher Street in New York City, kämpften.

Loveparade

Ein Fest für die Liebe in Berlin, mit großem Umzug, Feten, und „zufälligen Bekanntschaften".

7. Juli

Tanabata

Am 7. Tag des 7. Monats im Mondkalender feiern die Verliebten in China ihre Liebe. Die Legende sagt:

„Es gab einmal zwei Liebende, die von zwei Sternen am Himmel repräsentiert wurden, welche sich nur einmal im Jahr gegenüberstehen.

Evega (die Frau) und Aquila (der Mann). Diese beiden trafen sich einmal im Jahr am siebten Tag des siebten Monats, um ihre Liebe zu vollziehen. Sie beschlossen, anderen Liebenden in der Welt zu helfen und sie zusammenzuführen."

Schreibe den Namen der geliebten Person auf feines Pergamentpapier und binde es an einen Busch oder Baum, damit die beiden Sterne ihn sehen können. Noch bis zum nächsten Monat soll sich dein Wunsch verwirklichen.

11. Juli

Luxuria

Luxuria gilt als Göttin der Wollust, Verschwendung und der sexuellen Genusssucht. Ihre Tochter Penia gebar Eros.

Luxuria liebt Rot. Die Farbe Rot hat magische Kräfte und schützt die Liebenden vor Dämonen, ist glücksbringend und fruchtbarkeitssichernd.

Das Fest beginnt mit einem rituellen Bad, dem einige Rosenblätter bei getan werden. Nach dem Bad solltest du dir rote Dessous anziehen.

Die Frau bindet sich (wenn es ihre Haarlänge zulässt), einen Knoten ins Haar. Dieser Knoten gilt als Liebesknoten und verstärkt die Leidenschaft.

Euer Schlafgemach sollte mit vielen Blumen und „Rotem“ geschmückt sein, auch mit roten Kerzen. Sei dann verschwenderisch in deiner Liebe ...

19. Juli

Eurydike und Orpheus

Heute ist der Tag aller Paare, ob homo- oder heterosexuell. Wir feiern die Liebe, Loyalität und das Vertrauen zueinander, nicht nur in Griechenland. Gefeiert wird dieser Tag mit einem Ausflug, einer Party, einem besonderen Essen und indem Geschenke ausgetauscht werden.

Heute sollen alle Verliebten auch kritisch überprüfen, ob sie eventuell gegenseitige Besitzansprüche stellen. Das Geheimnis für eine dauerhafte Beziehung ist die bedingungslose Liebe.

„Denn wenn die Geliebten Raum zwischen sich lassen, können dort die Engel tanzen.“ Rainer Maria Rilke

22. Juli

La Fête de la Madeleine

Frauen gehen in eine heilige Höhle in der Provence (Grotte Sainte-Marie-Madeleine), und bitten Madelaine (Maria Magdalena), einen Mann für sie zu finden. Maria Magdalena wurde ursprünglich auch als Schutzpatronin für die leidenschaftliche Hingabe und Liebe gefeiert.

Verliebte feiern das Fest in der „eigenen Höhle“. Da Liebe durch den Magen geht, kocht heute gemeinsam ein aphrodisierendes Gericht mit Avocados und Meeresfrüchten.

30. Juli

Liebesfest der Amazonen

Die Amazonen nahmen auf ihren kriegerischen Raubzügen Männer gefangen, damit diese ihnen Kinder zeugten. So raubte einmal die Königin der Amazonen, Penthesilea, den griechischen Held, Achill.

Als Frau kannst du heute mit Pfeil und Bogen (Kinderspielwaren) deinen Liebsten rauben. Nach anfänglichem Widerstand wird er sich sicher überwältigen lassen. Günstig für den Raubzug ist es, wenn du zuvor Mars und Diana um Unterstützung bittest.

Übrigens: 9 Monate weiter, zu Ostern geborene Kinder gelten als Glückskinder.

31. Juli

Nationaler Orgasmustag in England

Neben dem 09. Mai und dem 21. Dezember, hat sich in England ein weiterer Tag etabliert, um einen Orgasmus zu feiern.

August

1. August

Lughnasadh

Ein keltisches Fest zu Ehren des Sonnengotts Lugh. Der Tag heute eignet sich hervorragend für Vermählungen und Liebesspiele unter der Sonne. Heute ist die nächste Gelegenheit für dein Liebesfest unter freiem Himmel.

Trinkt gemeinsam Wein aus dem gleichen Becher, legt euch zunächst nebeneinander auf eine Wiese und schaut in den Himmel. Erzählt euch, was euch bisher bei euren Liebesspielen besonders gut gefallen hat und was ihr einmal ausprobieren möchtet. Genießt euch anschließend mit Altbewährtem oder betretet Neuland.

Die Nacht an Lughnasadh gehört den „Naturgöttern" oder denen, die sich so fühlen.

5. August

Tag der Unterwäsche

Seit 2003 gibt es diesen besonderen Tag für Dessous und Panties. Rote Dessous sollen neben reizvollem Augenschmaus zusätzlich Liebesglück bringen ...

8. August

Tiger und Kobra

Ein Liebesfest aus der indischen Provinz Orissa. Männer sind Tiger und können auf dem Wochenmarkt von den Frauen, den Kobras, beschaut werden. Hat sich eine Kobra für einen Tiger entschieden, gibt sie ihm ein Zeichen. Der Tiger wird bei nächster Gelegenheit die Kobra entführen.

Die Entführung gilt als symbolischer Kampf zwischen Tiger und Kobra. Nach der Entführung wird dann mit viel Palmwein wieder Frieden geschlossen. Entspricht der Tiger nicht den Wünschen der Kobra, kann sie einen anderen Tiger auswählen.

Dieser Tag eignet sich für einen spielerischen Liebeskampf mit anschließendem, großem Versöhnungskuscheln.

Krähenindianer

In diesem Indianerstamm sind die Krieger in zwei Lager eingeteilt, Füchse und Knotenstöcke. Einmal im Jahr entführen dann die Füchse die Frauen der Knotenstöcke und umgekehrt. Welcher Krieger dann welche Frau entführt, wird schon vorher durch Liebschaften oder eindeutige Zeichen unter den Beteiligten geklärt. Die beraubten Männer dürfen sich nicht gegen die Entführungen wehren und weil niemand ohne Partner sein will, ist der ganze Stamm an diesem Ritual beteiligt.

Mit wenig Phantasie sind dies „Entführungsfeste" eine Idee für Swingerclubs. Diese sollen in Frankreich schon mehr Mitglieder haben als die Golfclubs.

10. August

Tag des Liebesschlosses

Ein noch recht junger Feiertag und heute besuchen natürlich viele Paare ihr Liebesschloss.

Zunehmend wählen viele Verliebte statt eines Liebesschlosses ein ökologischeres und auch positiveres Symbol. Sie pflanzen zum Beispiel einen Baum für ihre Liebe.

10. -14. August

Sternschnuppen

Jetzt fallen viele Sternschnuppen vom Himmel ...

15. August

Hag Ha Ohavim

Das Festival der Liebe in Israel. Ein Tanzfest, das in den Weinhügeln gefeiert wird. Auch besuchen Verliebte heute das Grab eines Rabbi, um seine Hilfe in Liebesangelegenheiten zu erbitten.

19. August

Wasserfest

Bei diesem fröhlichen Fest werden in Südchina Eimer mit Wasser gefüllt. Trifft der Mann mit dem Wasser eine Frau, wird diese die Ehefrau des Mannes. Dieser Brauch ist sicher im Freibad, am See oder am Meer bei uns auch möglich. Verliebte können sich dann im Wasser lieben oder unter der Dusche.

In China haben Zahlen bestimmte Bedeutungen. So bedeutet die Zahl 1314, dass die Liebe ewig halten wird, sogar mehrere Leben hintereinander. 1314 Wassereimer wären jetzt etwas viel, aber vielleicht wird sie dir glauben, dass genau 1314 Wassertropfen in dem Eimer waren.

Feiert ihr zu Hause, dann schmückt eure Fenster mit dem Zeichen für doppeltes Glück „XI".

22. August

Astarte

Astarte ist der Name des Abendsterns und der mächtigen lustvollen Göttin des Vorderen Orient. Sie steht für die Verführung und reine Fleischeslust und verfällt bei der Befriedung ihrer Lust in Ekstase. Sie ist die Göttin des reinen Triebes und auf dem Höhepunkt der Feste finden sich ihr zu Ehren Frauen und Männer, unter Bäumen, wahllos zusammen.

Berauscht euch heute an der Liebeslust, sucht euch euren Baum aus und erreicht ein Gefühl der „Gottesgleichheit".

Porka

Auf der Insel Leti (Süd-Molukken/Indonesien) findet heute ein Fest zur Ehren der „Ur-Hoch-Zeit" der Erdgöttin und des Sonnengotts statt. Es wird ein 2m langer Wimpel aufgehangen, der mit Liebesbotschaften und Symbolen bemalt ist. Dieses Fest kann solange dauern, wie es regnet und endet meist mit einer Orgie, wo absolute Freiheit herrscht.

Das genaue Datum bestimmt der Regen. War es also länger trocken und fällt nun der erste Regen Ende August, gilt dieser als Liebestropfen für die Erde. Daher ist Porka ein sehr fruchtbares Fest.

25. August

Küsst-Euch-und-versöhnt-Euch-Tag

Nomen est Omen, der Name ist heute Programm ...

30. August

Bon Odori

Japanisches Totengedenkfest. Aber keine Sorge, denn die Odori-Tänze werden zum Flirten genutzt und sind beliebte Gelegenheiten sich kennenzulernen. Trinken beide aus dem gleichen Becher \`Sake´ (Reiswein), ist dies ein Zeichen der Verlobung.

Wünschen sich die Liebenden ein Kind, dann wird der Kiomisu-Tempel in Kyoto besucht. Hier gibt es einen Schrein in Form eines goldenen Hasen.

Der Besuch des goldenen Hasen soll dem Paar reichen Kindersegen bescheren. Außerdem kaufen sich die Verliebten Glückslose, um Aussichten über ihre Liebe zu erhalten.

Schreibt heute eure eigenen Glückslose mit Aussichten über eure Liebe. Bewahrt die Lose in einem großen Glas auf eurem Liebesaltar auf. Wann immer ihr in den nächsten Tagen und Wochen Lust habt, zieht ein Los. Ihr werdet bestimmt freudig überrascht sein.

September

1. September

Radha

Radha war die Geliebte des Gottes Krishna. An diesem Tag feiern Menschen in Indien die Liebe zwischen zwei Menschen, die zuweilen „göttlich“ sein kann.
In Indien gilt Kakao als Götterspeise und so werden auch Radha und Krishna heute Kakao genießen. Kakao und Schokolade werden nicht nur in Indien aphrodisierende Wirkungen zugesprochen.

Feiert Radha und euch vielleicht mit einer *Mousse au Chocolat*, und füttert euch gegenseitig mit kleinen Löffeln.

7. September

Dia de Amor y Amistad

Ein kolumbianischer Tag der Liebe und Freundschaft. An diesem Tag wird auch „gewichtelt“ („Amigo Secreto“), d.h. einer geliebten Person heimlich ein kleines Geschenk zugesteckt. Der Tag kann nach Regionen variieren. In Bolivien ist er zum Beispiel am 21. September. Wichteln geht so:

Vorbereitung

Die Vorbereitung beginnt bereits am 1. September!

Für jeden, der Wichteln möchte, nehmt bitte einen kleinen Zettel und schreibt seinen Namen darauf. Dann faltet jeden einzelnen Zettel so zusammen, dass man die Namen nicht mehr sehen kann. Diese Zettel kommen in einen Hut und werden gut durch gemischt.

Ablauf

Jede und jeder zieht einen Zettel, faltet ihn auseinander und liest den Namen. Diesen Namen darf man niemanden anderen mitteilen. Den Zettel packt bitte gut weg oder verbrennt ihn. Du bist jetzt der Wichtel dieses Menschen und weder dieser Mensch noch irgend jemand anderes darf das wissen!

Als Wichtel versuchst du nun, diesem Menschen heimlich eine oder mehrere Freuden zu bereiten. Du kannst ihm, ohne dass der Mensch es bemerkt, Blumen vor die Türe legen, das Auto waschen, kleine Geschenke in den Briefkasten werfen, ...

7 Tage lang schwärmst du aus und setzt deine magischen Kräfte schöpferisch ein. Dazu ergründest du die Vorlieben, Leidenschaften und geheimen Wünsche deines Wichtelings.

Du selbst wirst auch Wichtelgeschenke bekommen und kannst raten, von wem diese sein könnten.

Finale

Am 7. September gibt es ein kleines Fest, bei dem alle Wichtel zusammen kommen. Jeder bringt noch einmal ein Wichtelgeschenk mit, auf dem der Namen des Menschen steht, den sie oder er gewichtelt hat. Dieses Geschenk darf niemand sehen. Du stellst in einer nicht einsehbaren Ecke eine zugedeckte Kiste auf. Jede geht nun einzeln dorthin und legt ihr Wichtelgeschenk hinein, ohne selbst hinein zu schauen. Sind alle Wichtelgeschenke darin, holst du die zugedeckte Kiste in die Mitte.

Die Jüngste greift hinein und holt ein Geschenk heraus. Sie liest den Namen auf dem Geschenk und überreicht diesem Menschen das Geschenk. Der gerade Beschenkte bedankt sich bei allen Wichteln, zieht nun seinerseits das nächste Geschenk und überreicht es und so weiter. Dann werden langsam der Reihe nach alle Geschenke geöffnet.

Die jeweils Beschenkte bedankt sich lautstark mit den Worten: „Danke lieber Wichtel“. Das Geheimnis, wer wen gewichtelt hat, sollte nicht gelüftet werden.

Paare legen sich heute Wichtelgeschenke unter die Kopfkissen.

8. September

Rosch Haschana

Jüdisches Neujahrsfest. Das Fest ist ein Tag der Besinnung. Es ist Brauch, in Honig getauchte Äpfel und Süßigkeiten mit seinen Lieben zu essen, als Symbol für ein neues angenehmes und gemeinsames Jahr.

Solltest du das Fest in Israel feiern wollen und mit El-Al hinfliegen, dann frage nach dem besonderen Service. Dieser besteht darin, dass du auf den Board-Bildschirmen im Flugzeug deine Liebesnachrichten oder deinen Heiratsantrag ausstrahlen lassen kannst.

Verliebte dürfen Äpfel und Süßigkeiten auf ihre Körper legen und sich gegenseitig vernaschen.

Tag der Vergebung

In der Liebe kann es manchmal auch darum gehen, sich gegenseitig etwas zu vergeben, um befreit und vertrauensvoll gemeinsam weiter durchs Leben gehen zu können.

9. September

„9.9.“

Neun ist ein chinesisches Zeichen für die Ewigkeit. Verliebte schenken sich heute 9, 99 oder 999 Rosen, vielleicht abhängig vom Geldbeutel.

12. September

Bankett der Venus

Das Venusfest ist sehr gut geeignet, um ein Kind zu zeugen, sich einfach aus Liebe zu amüsieren, oder ein lustvolles Bankett zu gestalten und gemeinsam zu genießen.

Verwöhnt euch zunächst kulinarisch, zündet dann rosa oder rote Kerzen an und streichelt euch gegenseitig, mindestens eine Stunde. Dann entfaltet sich die Sinfonie der großen Gefühle und ihr taucht tief in die Liebeslust der Venus ein.

19. September

Hera und Zeus

Heute wecken wir kosmische und vitale Elementarkräfte für unsere Liebe, mit einem Fest zu Ehren der „Hoch-Zeit" von Hera und Zeus. Dieses Fest beginnt am Abend, sobald sich der erste Stern zeigt.

Jeder Türeingang ist mit Blumen geschmückt. Münzen und Nüsse sind überall auf dem Tisch verteilt und spiegeln Reichtum, Glück und Fruchtbarkeit. Die beiden Stühle auf denen ihr sitzt, sind zusammengebunden. Legt eure Hände ineinander und esst jetzt von den Früchten und Kuchen auf dem Tisch. Lasst eure Hände ineinander und „schwebt" nun zu eurer Liebesmatte.

Eine kleine Anmerkung zum ineinanderlegen der Hände: Bei einigen Indianerstämmen Nordamerikas legen die Verliebten ebenfalls die Hände ineinander (er die Rechte, sie die Linke) und lassen sich darauf ein Symbol tätowieren. Das bedeutet, jeder hat eine Hälfte der Tätowierung auf der Hand und wenn sich das Paar die Hände gibt, entsteht das gemeinsame Zeichen ihrer Liebe.

20. September

Kindertag

In Deutschland wird heute der „Weltkindertag“ gefeiert. Der Internationale Weltkindertag ist in allen anderen Ländern am 20. November.

Übrigens gilt in allen Kulturen ein Ei als der Beginn neuen Lebens. Das besondere Ei von Ostern wird wohl nicht mehr frisch genug sein. Aber ihr solltet euch heute auf jeden Fall gegenseitig mit einem Ei füttern, wenn ihr ein Kind empfangen möchtet.

Schauen wir mal, wie hoch die Zahl der Geburten um den 20. Juni nächsten Jahres ist.

21. September

2. Tagundnachtgleiche

Die Tagundnachtgleiche im Herbst und für einen perfekten Abend unter dem Sternenhimmel. Die Tagundnachtgleiche ist eine Nacht zwischen dem 21. und 24. September. Diese Nachtgleiche entspricht der Nachtgleiche im Frühling und ist von ebenso großer Bedeutung und Kraft wie die Sommersonnenwende und die Wintersonnenwende.

Internationaler Tag des Friedens

"*When the power of love, overcomes love of power, the world will know peace.*" Jimi Hendrix

22. September

Mabon

Heute ist eines der ältesten Feste der Menschheit. Mabon ist ein Dankesfest für die Naturgötter. Übriggeblieben ist in den meisten Überlieferungen nur der Bereich des Erntedankfestes.

Früher haben sich die Menschen aber für alle Fruchtbarkeiten bedankt und sich diese auch in dieser Nacht erhofft.

23. September

Tag der Bisexualität

Heute feiern die Menschen, die sich zu mehr als einem Geschlecht hingezogen fühlen.

24. September

Tilsit und Isli

Vor langer, langer Zeit verliebten sich in Nordafrika ein junger Mann und eine junge Frau. Leider waren die beiden Familien verfeindet und daher die Väter gegen diese Liebe. Die beiden genossen dennoch das Liebesspiel, wurden aber überführt und mit dem Tode bestraft. Auf einem Hochplateau wurden sie getötet. Nachdem sie begraben waren, begannen an diesen zwei Stellen Quellen zu sprudeln. Das Wasser hörte nicht auf zu fließen und bildete zwei Seen: Tilsit (Braut) und Isli (Bräutigam) bei Imilchil in Marokko. Dieses Wunder bewirkte, dass fortan Männer und Frauen selbst ihre Liebespartner bestimmen durften.

Wasser gilt als das Symbol des Lebens. Schenkt euch heute eine Fußwaschung. Deine Liebe legt sich auf das Bett und rutscht so weit herunter, dass die Beine ab den Knien hinunter baumeln. Stelle einen Stuhl vor das Bett, so dass ein Bein aufgelegt werden kann. Unter das baumelnde Bein stelle eine große Schüssel mit warmem Wasser. Mit einer großen Tasse schöpfst du Wasser aus der Schüssel und lässt es über den Fuß fließen.

Am Ende trockne den Fuß mit einem Handtuch ab, dass du extra für den heutigen Tag gekauft hast. Dieses Handtuch solltest du dein Leben lang aufbewahren, um deine Liebe zu erhalten. Ist der Fuß trocken, massiere ihn mit Öl. Widme dich dann dem anderen Fuß.

26. September

Tag des Liebesbriefes

Vor allem in Kanada wird heute der Liebesbrief gefeiert, indem der eigenen Liebe ein schöner Liebesbrief zugeschickt wird.

Ein elektronischer Liebesbrief ist mittlerweile sicherlich auch „anerkannt".

An der Uni Koblenz gibt es übrigens ein Liebesbriefarchiv.

29. September

Tag der Engel

Holt euch heute den Himmel ins Haus. Gestaltet eure Räume, wie ihr euch den Himmel vorstellt, vielleicht mit weißen Wolken aus Watte auf einer blauen Bettdecke, Engelsfiguren mit Kerzen und vieles mehr. Fühlt euch heute wie Engel. Vielleicht habt ihr Lust euch Flügel zu verleihen. Auf jeden Fall ist heute der Tag für ein himmlisches Liebesspiel.

Engel gelten seit der Antike als Liebesboten.

„Wir Menschen sind Engel mit nur einem Flügel ,um fliegen zu können, müssen wir uns umarmen." Luciano De Crescenzo

Oktober

1. Oktober

Pele

In Ozeanien hat die Liebesgöttin Pele ein Such- und Versteckspiel für Liebende auserkoren. Die Frau versteckt sich in der Natur und kann entscheiden, ob sie sich finden lassen will oder nicht.

Der Mann muss die Frau bis Sonnenuntergang gefunden haben oder er darf niemals wieder um sie werben. Je intensiver die Suche ist, desto fester wird die Liebe sein.

Packt also zwei Rucksäcke mit Proviant, in unseren Breiten auch Regenschutz und eine Decke ein, und gestaltet euer eigenes „Geländespiel“, „Waldbaden“ oder „Geocaching“.

1. Dienstag im Oktober

Honigfest

Zur Vorbereitung auf dieses Fest, das in Osteuropa seinen Ursprung hat, werden bei einem reinigenden Bade auch die Fingernägel geschnitten. Denn diese gelten als Sitz der Dämonen. Dann wird die Wohnung mit vielen Kerzen geschmückt, ein kleines Liebesmahl mit Fisch vorbereitet und schöne Musik ausgewählt. Um das Bett stehen viele Blumen und die Stühle sind grün geschmückt.

Zu Beginn des Festes bewerft euch mit Hopfen und Weizen, als Zeichen der Fruchtbarkeit. Zur Einstimmung trinken beide aus einem Becher Honigwein (Met). Honigwein ist bestens geeignet, um die Libido zu stimulieren.

Dann bestreicht euch mit Honig. Honig auf die Genitalien erhöht die Lust auf Fellatio und Cunnilingus. Wo immer ihr euch auch damit bestreicht, ihr sichert euch dadurch ein „süßes Leben“.

Sollte ein Honigrest übrigbleiben, könnt ihr diesen für einen Kuchen nutzen. Beim Genuss dieses Kuchens wird eure Liebe dann erneut aufs Heftigste entflammt und eventuelle andere Gäste an der Kuchentafel ahnen nichts von eurem süßen Geheimnis.

Honigmond / Honeymoon

Damit dieser Liebesbrauch seine Wirkung entfaltet, trinkt einen ganzen Monat (Mond) lang, ab dem ersten Dienstag, jeden Abend ein Glas Honigwein aus einem gemeinsamen Becher. Dadurch versüßt und stärkt ihr den Liebesbund zwischen euch Beiden.

10. Oktober

Lilith und Luzifer

Luzifer war der strahlende Morgenstern und Lichtbringer. Jetzt ist er ein gefallener Engel und Fürst der Finsternis. Er gilt als Geist des Zweifels und verführte Lilith mit seinen Reden. Lilith wird manchmal allerdings auch als Sexdämonin beschrieben und so ist nicht klar, wer wen verführte.

Dieser Abend bietet sich jedenfalls für teuflisch guten Sex an. Finsternis erreicht man schon durch eine Augenbinde. Diese bekommt ihr in Apotheken oder Erotik Shops. Vielleicht kauft ihr euch noch ein Mitbringsel für euren „diabolischen“ Abend.

Diwali

Das Fest des Lichtes in Indien. Man zündet Öllampen, Kerzen und elektrische Lichter an und zündet ein Feuerwerk an. Diwali wird im Zeichen der Liebe und des Sieges des Guten über das Böse gefeiert. Wenn ihr eine Öllampe entzündet und die ganze Nacht brennen lasst, eignet sich dieses Fest hervorragend als Versöhnungsfest. Beweist, dass die Liebe stärker ist als der Streit.

11. Oktober

Coming Out Day

1987 in Washington gab es eine Parade für die gleichgeschlechtliche Liebe und viele Paare zeigten offen ihr Liebesgeheimnis. Dieser Tag ist geeignet euer Coming-out zu feiern oder einen geheimen Liebeswunsch zu gestehen.

16. Oktober

Benzai-ten

Benzai-ten ist eine asiatische Liebesgöttin, die aber auch für Musik, Literatur und Reichtum zuständig ist. Musik, Literatur, Reichtum und ein roter Faden gehören heute unbedingt zu eurem Liebesfest. Musik und Literatur sind eindeutig; Reichtum lässt sich verschieden deuten. Ein Sprichwort sagt „Der Zufriedene ist der Reichste".

Kommen wir jetzt zum roten Faden. Binde dir ein Ende des roten Fadens um dein Handgelenk und das andere um das Handgelenk deiner Liebe. Benutze einen Knoten, der sich nicht weiter zuziehen kann (zum Beispiel einen Palstek oder eine Achterschlaufe). Der rote Faden sollte etwa 2m lang sein. Verlebt so verbunden den Abend und die Nacht und eure Liebe hat den Segen von Benzai-ten.

Zur Einstimmung die Geschichte von Benzai-ten:

Eine Frau, die noch ihren Liebsten suchte, erbat sich die Hilfe von Benzai-ten. Dazu schrieb sie ein Liebesgedicht, legte es im Benzai-ten Tempel nieder und bat die Göttin um ihre Hilfe. Einige Tage vergingen und plötzlich schwebte das dünne Reispapier durch die Luft und landete direkt vor den

Füßen eines jungen Mannes. Dieser war von dem Gedicht so angetan und in seinem Herzen so tief berührt, dass er die Verfasserin heiraten wollte. Er bat Benzai-ten um ihre Hilfe und ging jeden Abend in den Tempel.

Am Ende des siebten Abends setzte sich ein älterer Mann neben ihn. Er holte einen roten Faden aus seiner Tasche, band dem jungen Mann ein Ende um sein Handgelenk und sagte: „Benzai-ten hat sich durch Deine Bitten anrühren lassen, gleich wirst Du Deiner Braut begegnen. Sie hat das Liebesgedicht geschrieben." Er legte das andere Ende des Fadens in das Tempelfeuer und nachdem der Faden etwas abgebrannt war, löschte er die Flamme.

In diesem Moment betrat eine junge Frau den Tempel und die beiden verliebten Seelen erkannten sich sofort.

Der alte Mann band nun das Ende des roten Bandes um das Handgelenk der jungen Frau und das Paar dankte Benzai-ten für ihre Hilfe.

Solltest Du noch deine Liebe suchen und nicht in der Nähe eines Benzai-ten Tempels wohnen, veröffentliche doch eine Liebeswerbung in den Medien. Die erste Heiratsanzeige erschien 1799 in einer Münchener Zeitschrift „Meynes Allgemeine Heyratsschule für beyderley Geschlechter".

21. Oktober

Ursula

Heute wird in Köln die Legende von Ursula gefeiert. Sie soll mit 11.000 Jungfrauen von den Hunnen getötet worden sein, weil sie nicht den Hunnen-Prinzen heiraten wollte. In privaten Kreisen feiern und gedenken junge Frauen heute Ursula und ihrer Selbstbestimmung in der Liebe.

22. Oktober

Shakti

Shakti ist eine indische Liebesgöttin und es gibt viele lustvolle Geschichten über ihre Liebesspiele mit ihrem Gemahl Shiva.

Immer gleich ist, dass die Beiden sexuelle Kämpfe liebten. Diese waren gekennzeichnet von Dominanz und Devot sein und trieben beide zur Ekstase. Auch wenn ihr keine SM-Erfahrungen habt, wird euch heute sicherlich ein Raufspiel gelingen.

Zur Vorbereitung solltet ihr die vier „M`s“ genießen, um dann logischerweise zum fünften „M“ zu kommen. Die vier „M`s“ sind: Madya (Wein), Mamsa (Fleisch), Matsya (Fisch) und Mudra (Korn). Das fünfte „M“ ist Maithuna (Liebesspiel). Im Maithuna wird dann göttliche Energie übertragen und diese führt zu spirituellen Erkenntnissen. Denn im Tantra wird das All als eine Sammlung energetischer Schwingungen gesehen und durch das Maithuna wird der Fluss der göttlichen Schöpferkraft freigesetzt und die Energien können fließen. Lasst es fließen ...

27. Oktober

Make a Differencc Day

An diesem Tag wurden in Nordamerika zunächst kleine Geschenke an finanzschwache Menschen verteilt.

Später wurden auch Freunde und Familienmitglieder bedacht. Inzwischen wurde er ausgedehnt auf den oder die Liebste und man nennt ihn auch „Sweetest Day“.

Also, ein gute Gelegenhcit ihr oder ihm einen Herzenswunsch vor Weihnachten zu erfüllen.

Oder du verschenkst dich selbst und höchstpersönlich, nur eingewickelt in einer roten Schleife. Kleopatra ließ sich in einen Teppich einwickeln und so ihrem Liebsten überreichen.

Mistelzweig

Du schneidest einen Mistelzweig vom Baum und hängst diesen über deine Haustüre. Den Menschen, den Du unter diesem Mistelzweig küsst, wird dich dein ganzes Leben lang lieben - oder länger. Ein sehr wirksamer und traditioneller Brauch aus dem frühen Europa.

Um die Wirkung des Kusses zu steigern, küsse auf Wicca Art. Der fünffache Wicca-Kuss geht so: Nacheinander die Füße, die Knie, die Hüfte, die Brust und die Lippen küssen.

31. Oktober

Halloween (Samhain?)

Sinn dieses aus Irland stammenden Festes ist es, den Geistern mit Humor zu begegnen und sie an der heutigen Feier teilhaben zu lassen. Um die Geister einzuladen, stellt man ein Licht ins Fenster. Die Kinder klopfen an die Tür und bitten um Süßigkeiten. Man gibt ihnen die Süßigkeiten auch, um das eigene Leben zu versüßen.

Manchmal taucht der Name „Samhain“ als ursprüngicher irischer Name des Festes auf, dies ist allerdings bisher nicht nachzuweisen. Es wurden aber immer die eigenen Ahnen und die Natur geehrt und ein „Zeichen“ für eine Neugeburt gemacht. Dann setzt heute Nacht euer „Zeichen“ und denkt daran, dass Kinder die Zukunft symbolisieren.

Mit den übriggebliebenen Süßigkeiten füttert euch gegenseitig. Aber gib ihm oder ihr nur eine Süßigkeit, wenn er oder sie ein Kleidungsstück wirklich verführerisch auszieht.

31. Oktober

Tag der Zauberei

Heute wird vor allem in den USA der Tag der Zauberei gefeiert und Ihr könnt Euch heute gegenseitig „verzaubern“. Vielleicht in Erinnerung an das große Liebespaar der Zauberei, Merlin und Viviane. Hier ein einfacher Liebeszauber (auch Bindungszauber genannt):

* Geht an den Ort Eurer ersten Begegnung

* Schreibt Euren Liebeswunsch auf ein Papier

* Zündet das Papier mit einer roten Kerze an

* Während das Papier verbrennt, denkt intensiv und bildlich an Euren Wunsch, als wenn er erfüllt ist

* Der Rauch transportiert Euren Wunsch in den 7. Himmel

* Küsst Euch, wenn das Papier verbrannt und aller Rauch aufgestiegen ist

* Wie „aus heiterem Himmel“ kann euer Wunsch in Erfüllung gehen ...

November

Besondere Wochentage für Menschen die sich verlieben möchten, sind die Montage und die Freitage im November.

Montage

Die Montage sind dem Mond gewidmet. Bei den Kelten ist die Mondgöttin Aradia zuständig für Liebesangelegenheiten. Denke Montags fest an Aradia und spreche immer wieder ihren Namen aus. Dann werfe ein kleines Geschenk für Aradia in einen Fluss. Sie wird dir dann helfen, deine Liebe zu finden.

Freitage

Diesen Tag haben die Kelten den Frauen und der Göttin Freya gewidmet. Auch sie kann dir helfen deine Liebe zu finden. Besonders günstig ist ein Freitagabend bei aufgehendem Mond. Du benötigst eine lange weiße Kerze, die mit Korianderöl gesalbt ist, einen dünnen Weidenzweig und eine spontan angefertigte Zeichnung, wenn du an die Liebe denkst. Das Ritual soll zwischen 20 und 21 Uhr beginnen:

Stecke die vorbereitete Kerze in einen Kerzenhalter und lege die Zeichnung davor auf den Tisch. Nimm den Weidenzweig, binde ihn mit einer Herzschleife und halte ihn in deiner rechten Hand. Jetzt entzünde die Kerze. Konzentriere dich von jetzt an ganz auf die Flamme. Positive Gedanken sind wichtig bei diesem Ritual. Die Kerze sollte nun weit herunter brennen und du dich immer wieder auf die Flamme konzentrieren. Je länger du es schaffst, desto besser ist es.

Ist die Konzentration weg, lasse die Kerze ruhig ganz abbrennen. Den Weidenzweig behalte noch länger bei dir, zum Beispiel in einer Tasche. Die Schleife sollte die nächsten 24 Stunden nicht gelöst werden. Danach werfe die Kerzenreste und den Weidenzweig mit der Schleife in einen Fluss.

Wenn du das Ritual mit der nötigen Konzentration beziehungsweise Glaubenskraft ausgeübt hast, und Freya dir wohl gesonnen ist, wirst du im Laufe „eines Mondes“ deine neue Liebe kennen lernen.

Bis du deine Liebe gefunden hast, bleibt dir für die sexuelle Liebe nur Atum oder Onan zu huldigen. Das sind Götter, die sich sexuell selbst befriedigt haben.

4. November

Eid el-Hob el-Masri

Der ägyptische Tag der Liebe ist eine Art zweiter Valentinstag im Jahr.

6. November

Piggyback-Run

Verliebte Paare können am 6. November auf dem Bad Kreuznacher Kornmarkt beim „Piggyback-Run“ mitlaufen.

11. November

Pepero

In Korea backen die Frauen Ihrem Auserwählten einen süßen Kuchen in Form einer „11“. Dabei achtet die Frau darauf, dass die beiden Einsen recht lang sind, denn dann hält die Liebe auch lange.

17. November

Weltfriedenstag

Sollte es gerade in deiner Beziehung „gekracht“ haben, so mache doch heute den ersten Schritt zur Versöhnung. Wenn ihr keinen Streit habt, dann verbringt diesen Tag im Bett.

Ähnlich wie Yoko Ono und John Lennon unter dem Credo „*Make Love, not War*". Es muss ja nicht unbedingt eine Kamera mitlaufen, oder nur eure eigene ...

25. November

Tag für die Beseitigung von Gewalt gegen Frauen

Allein in Deutschland gibt es laut BKA unglaubliche Zahlen. Nur eine werde ich hier nennen: 160 Frauen werden jedes Jahr durch ihre (Ex-)Partner getötet, also im Schnitt wird alle 2 Tage eine Frau getötet, Tendenz steigend.

Natürlich alles Einzelfälle und keine Femizide erkennbar. Würde es so viel Gewalt und Tötungen an Männer geben, wären vermutlich schon längst wirksame Schutzmaßnahmen getroffen worden ...

27. November

Isis & Osiris

Heute ist eine gute Zeit für sexuelle Genüsse, Beziehungen und „Hoch-Zeiten". Am günstigsten ist es, wenn ihr euch heute, an diesem afrikanischen Festtag, direkt unter dem Sternenhimmel liebt. Denn Isis wird euch in Ihrem Sternenmantel eine nie gekannte Liebesleichtigkeit bescheren und ihr werdet einander verfallen sein.

Für werdende Liebespaare eignen sich heute Tanzfeste unter freiem Himmel.

Beim Gedra, dem traditionellen Liebestanz auf den Berberfesten, suchen sich die Frauen die Männer aus. Begehrt eine Frau einen Mann, nähert sie sich dem tanzenden Mann von hinten und streicht ihm mit den Fingerspitzen über seinen Rücken. Er tut, als merke er nichts, wenn sich aber ihre Blicke treffen, wird er ihr zuzwinkern.

Durch Zuzwinkern und zucken mit dem Mundwinkel, signalisiert er ihr, wo er sie später treffen möchte.

Solltest du nicht tanzen wollen, dann hilft ein Brauch der Wodaabe. Der Mann legt mit seiner rechten Hand, seinen Mittelfinger auf seinen Zeigefinger, auf dem Tisch oder seiner linken Hand. Das bedeutet, dass er mit der Frau schlafen möchte. Sie legt zwei Finger nebeneinander, wenn sie ihm ihre Zustimmung signalisieren will. Schön einfach, oder?

Zulu-Frauen schenken jungen Männern die ihnen gefallen, perlenbestickte Halsbänder. Diese Halsbänder heißen „Liebesbriefe", denn sie enthalten farbige Liebesbotschaften. Zudem verrät eine Haarflechte quer über die Stirn, dass eine Zulu-Frau allein ist und umworben werden will.

30. November

Andreastag

Andrea und Andreas gelten als Heiratsvermittler und Schutzpatrone der Liebenden. Am besten überredest du „eine Andrea" oder „einen Andreas" aus deinem Freundeskreis, heute eine (Single-) Party zu veranstalten. Oder du nennst dich heute Andrea oder Andreas und gönnst deinen Freunden ein tolles Fest.

Die Frauen sollten stark geschminkt kommen, um vor bösen Geistern geschützt zu sein. Dazu sollten sie ein Kette mit gelben Kugeln oder andere gelbe Sachen tragen. Gelb ist die Farbe der Sonne und vertreibt die dunklen Mächte.

Es gibt nun drei Möglichkeiten herauszufinden, ob zwei Herzen füreinander bestimmt sind:

Zum einen mit einem Tanz aus Nordafrika. Dazu tanzen alle Anwesenden einmal mit jedem Einzelnen, indem sie dicht nebeneinander stehen. Also Schulter an Schulter, Hüfte an Hüfte und Knie an Knie. Zur Musik wiegen sie vor und zurück, ohne sich abzusprechen. Mit wem harmonierte es und mit wem nicht?

Beim zweiten Tanz, diesmal aus Neuguinea, stehen sich die jeweiligen Paare gegenüber. Sie versuchen, wieder ohne sich abzusprechen, zur Musik zweimal die Stirn und die Nase aneinander zu reiben. Dann verbeugen sie sich und probieren es noch einmal. Mit wem harmonierte es am besten?

Die dritte Möglichkeit ist indianischer Herkunft. Jeder Mann zündet eine Kerze an und bewegt sich damit zur Musik. Die Frauen können sich nun aussuchen, bei welchem Mann sie die Kerze auspusten wollen. Das Auspusten bedeutet, dass sie ihn empfangen wollen. Stellt sich beim Empfang heraus, dass er nicht der Richtige ist, legt sich die Frau eine Decke über und der Mann muss gehen.

Dezember

Im Dezember

Paul und Virgine

Auf Mauritius tragen die Männer in einer hinteren Hosentasche ein weißes Taschentuch, das halb heraushängt. Es ist das Zeichen, dass sie eine Frau suchen.

Wenn sie einer Frau ihres Begehrens begegnen, begrüßen sie sich und reichen sich die Hände. Ist die Frau ebenfalls interessiert, dann streicht sie beim Lösen des Händedrucks mit ihrem Zeigefinger über den Handteller des Mannes ... das kribbelt ...

4. Dezember

Athene und Artemis

Die griechischen Göttinnen Athene und Artemis feiern heute ihre lesbische Liebe, als „Freundinnen der Frauen". Geeignete Orte sind (nicht nur) die griechischen Inseln Lesbos (Lesvos) und Mykonos.

Auf Lesvos hat sich die Dichterin Sappho von den Tänzerinnen nicht ausschließlich kulturell inspirieren lassen ...

Oder ihr unternehmt eine Reise in das Hochland von Neuguinea, in den Nordwesten Pakistans oder zu einigen nordamerikanischen Indianergebieten, die alle für homosexuelle Liebesbeziehungen bekannt sind. Wer politisch aktiv ist, kann auch nach Afrika, zu den Südbantus reisen. Denn dort darf eine Frau, die ein politisches Amt innehat, eine andere Frau heiraten, weil Politikerinnen als Mann behandelt wcrdcn.

Natürlich ist es auch möglich, heute die eigene Wohnung in das alte Griechenland oder in ein Indianertipi zu verwandeln oder afrikanisch zu schmücken.

Barbara

Solltest du momentan nicht sicher sein, welcher Verehrer der Richtige ist, so nutze heute die Kraft der heiligen Barbara. Schreibe kleine Zettel auf denen jeweils ein Name steht. Für jeden Verehrer kaufst du nun einen Kirsch- oder Apfelzweig und befestigen immer nur einen Zettel an einem Ast. Zu Weihnachten wird der erste Ast erblühen und dir zeigen, welcher der richtige Liebespartner ist. Welche Knospe wohl zuerst erblüht?

Wenn du dir Kinder wünschst, dann stelle die Kirschzweige an einen warmen Ort im Haus und wenn diese zu Weihnachten erblühen, bedeutet dies, dass du einen fruchtbaren Kindersehen erwarten darfst.

Bona Dea

Der Name der „Guten Göttin" wurde von den römischen Frauen geheim gehalten und nur Frauen feierten sie heute als Göttin der Jungfräulichkeit und der Fruchtbarkeit. Männer durften an den Feierlichkeiten nicht teilnehmen.

Bona Dea wird 2x im Jahr gefeiert, nämlich auch noch am 01. Mai eines Jahres.

6. Dezember

Nikolaus

Die Kinder stellen am Abend vorher einen Stiefel vor die Türe und hoffen, dass Ihnen der Nikolaus in der Nacht etwas hineinlegt.

Stelle einen Schuh deiner Liebe vor die Türe und lege eine süße Überraschung hinein. Vielleicht vernascht ihr diese gemeinsam zum Frühstück.

7. Dezember

Nin-Hursag

Ein Liebesfest, das zwei Tage lang gefeiert wird. Vielleicht hörst du das Herz deiner großen Liebe schlagen, wenn ihr euch begegnet, um euch und das Fest zu genießen.

Das Fest beginnt mit der Zubereitung eines einfachen Festmahls. Von diesem Festmahl wird dann zwischendurch immer wieder mal gegessen. Dazu gehören in jedem Falle Nudeln (Spaghetti) als Zeichen für ein langes Liebesleben.

Am zweiten Tag reichen sich die Verliebten kleine Geschenke, beispielsweise einen Lederbeutel oder einen Lederumschlag für persönliche Schätze. Geehrt wird an diesem Tag die Muttergöttin Nin-Hursag. als Erschafferin der Menschen und Mütter aller Götter.

Dank Nin-Hursag ist es uns möglich Dilmun zu besuchen. Dilmun ist eine Götterinsel und gilt als absolut rein und als ein wunderbares Paradies.

Der Liebeszauber von Nin-Hursag wird euch ein Leben lang begleiten.

13. Dezember

Lucia

Die nordische Göttin Lucia gab keinem Ihrer Verehrer das Ja-Wort, stattdessen engagierte Sie sich für die Armen. An einigen Tagen aber liebte sie ein gutes Mahl und gab sich den Künsten hin.

Solltest du zurzeit alleine leben, so genieße heute deine Lieblingsspeise und gönne dir anschließend eine Theater-, Gesangs- oder Tanzaufführung. Lucia freut sich, wenn sich Menschen zu Liebespaaren finden und so stehst du heute unter ihrem Liebessegen und gehst vielleicht nicht alleine nach Hause ... .

Wenn du heute Weizenkörner im Wasser ansetzt und diese bis Weihnachten keimen, so wirst du ein fruchtbares neues Jahr erleben.

17. Dezember

Saturnalien

Ein römisches Liebesfest an dem die Standesunterschiede und die Moralvorstellungen ausgesetzt waren, ähnlich dem Karneval.

21. Dezember

Wintersonnenwende

Die Wintersonnenwende ist am 21. oder 22. Dezember. Die Nacht davor gilt in vielen Kulturen als „Zaubernacht der Liebe". Denn heute wird die Sonne wiedergeboren und die Tage werden wieder länger. Damit sich der Liebeszauber in der längsten Nacht des Jahres entfalten kann, ordnet alle Dinge um euer Bett herum in Herzform an. Tagsüber gemeinsam gebackene Plätzchen in Herzform, Blumen, Kerzen und euer Liebesgericht gehören dazu. Am Morgen begrüßt Hand in Hand, am offenen Fenster, die Sonne. Solltet ihr gar nicht lange genug die Nacht genießen können, dann reist doch in Richtung Nordpol. Dort beginnt die Polarnacht und die Sonne erscheint erst wieder am 21. März. Oder ihr dunkelt die Fenster eurer Wohnung ab, stellt Telefon und Klingel aus und kuschelt solange ihr möchtet.

Orgasmustag

Der dritte „Orgasmus-Feiertag" im Jahr, neben dem 09. Mai und dem 31. Juli.

24. Dezember

Heiligabend

Wir feiern heute die Geburt Jesu Christi und am Abend gibt es natürlich die Weihnachtsgeschenke. Also ein sehr wichtiger Tag im Jahr für eure besonderen Geschenke füreinander.

Heute feiern auch Adam und Eva ihren Namenstag. Wenn es euch möglich ist, verbringt den heutigen Tag im „Eva- und Adamskostüm".

Kauft aber vorher eine „Rose von Jericho", auch „Christrose" genannt.Die „Rose von Jericho" stirbt niemals und genau diese Kraft wird sie heute auf eure Liebe übertragen, wenn ihr gemeinsam eine „Rose von Jericho" zum Erblühen bringt. Dazu legt die „Rose von Jericho in einen tiefen Teller, gießen gemeinsam warmes Wasser darüber und nach kurzer Zeit wird sich die „Rose von Jericho" samt grün entfalten. Abends könnt Ihr Euch dann reich beschenken.

25. Dezember

Weihnachten - Fest der Liebe

Die deutschen Männer gehen von Haus zu Haus und singen Weihnachtslieder. Die Frauen bereiten Taschentücher mit ihren gestickten Namen, Bändern und Blumen vor. Singen die Männer vor der Türe der Frau, wird der Auserwählte von der Frau geschmückt.

Kann eine Frau davon ausgehen, dass ihr Mann nicht singen kommt (oder kann), backt sie ihm ein Brot. Die Frau wickelt das Brot in ein weißes Tuch, auf dessen vier Enden mit rotem Garn ihr Name und ein Liebesvers gestickt sind. Dann legt sie es ihm vor seine Türe.

31. Dezember

Silvester

Erst „Dinner for one“ gucken, dann mit Liebesschwüren ins Neue Jahr feiern und sich schließlich gegenseitig die rote Unterwäsche ausziehen. Denn wer heute rote Unterwäsche trägt, auf den wartet ein Jahr voller Liebe. Dies ist ein Brauch aus dem Land des „Amore“.

Ihr könnt heute auf einen Böller schreiben, was ihr im neuen Jahr in eurer Beziehung nicht mehr haben wollt, wovon ihr euch verabschieden wollt. Wenn der Böller explodiert, wird diese Sache symbolisch mit zerfetzt.

Auf einer Rakete könnt Ihr einen Wunsch für eure Liebe schreiben. Sie fliegt dann in den Himmel und wird euren Wunsch dem Himmel überreichen.

Es passt meist nicht mehr als ein Stichwort auf die beiden Feuerwerkskörper.

Aber inzwischen geht man erfreulicherweise immer mehr dazu über, nicht mehr einzelne Feuerwerke zu veranstalten, sondern ein zentrales Feuerwerk der Gemeinde.

Anhang

Danksagung

♥ Herzlichen Dank ♥

„Alles was ich hab, hab ich von einem Andern,
und alles was ich weiß, weiß ich von einem Andern."

Herman van Veen

„Passiv beteiligt waren ein halbes Hundert Autoren, deren Texte ich verwendete, ohne um Erlaubnis zu fragen, und die zu nennen ich nicht beabsichtige, denn eine Bibliographie zusammenstellen ist lästig. Einen Autor abschreiben ist ein Plagiat, viele abschreiben ist Forschung."

Isabell Allende

In diesem Sinne ist dieser Kalender eine Forschungsarbeit *der Liebe* und wir sagen allen *Andern* 111x ein „Herzliches Dankeschön♥".

Zu guter Letzt, macht euch bitte keinen *Feierstress.* Die Liebestage sind eine Anregung und es braucht mindestens ein ganzes Leben sie alle zu feiern ...

Herzensgrüße
Hans-Georg

Von einem, der auszog das Lieben zu lernen ♥♥ (Danke an Clown Shiven für dieses Credo)

Romantische Literaturwerbung*

„Das Kölner Liebesmärchen“

Hans-Georg Renner

ISBN 9-783-7597-8353-0

„Das Lübecker Liebesmärchen“

Hans-Georg Renner

ISBN 9-783-7597-5949-8

„Warum die Linde herzförmige Blätter hat“

Hans-Georg Renner

ISBN 9-783-7578-3058-8

„Why the lime tree has heart-shaped leaves“

Hans-Georg Renner

ISBN 9-783-7583-0196-4

(*alle im BoD-Verlag erschienen)